因為
人類太奇怪，
所以
需要心理學

其實，生活中90%的問題，
都可以靠心理學解決！

張憲鵬 —— 編著

目錄

第 5 章　夢、感情與心理學

第 6 章　社會、團體與心理學

第 7 章　交際與心理學

第 8 章　心理疾病與治療

第1章

所謂心理學

第 1 節　心理學的概念

比起眾多的自然領域，心理學似乎是一門十分年輕的學科，它在二十世紀的下半葉才一步一步走進人們的視野。但事實上心理學的歷史十分漫長，它曾經是哲學的一支，可以追溯到兩千多年前的古希臘。心理學的英文名 Psychology，就是由古希臘語的「靈魂」和「學問」兩個詞組合而來，所以它最早的意思是「靈魂的科學」。

▶ 心理學，用行為捕捉人類內心

任何一門學科都有其對應的研究對象，以此來揭示本領域中的各種規律，心理學也不例外。心理學的某一理論如果成立，那麼它必定能夠在一定條件下再現。換句話說，在一定條件下無論是誰來做相同的實驗，都會得出相同的結果，所以心理學可謂是一門實驗性非常強的學科。

人的心理活動雖然看不見，但卻可以透過身體的各種行為表現出來。害羞的時候會臉紅、恐懼的時候會發抖，人類行為往往隱藏著深刻的心理活動，這些就成了心理學研究的直接對象。因此，雖然心理學的基本定義是一門研究人類心理現象和心理規律的科學，但如果把它表述得更為具體，我們可以把它視作是一門研究人類看得見的行為、以及由這些行為推斷出心理活動的科學。

美國心理學家曾經做過這樣的實驗，讓男性受試者和女性受試者觀看嬰兒、抱著嬰兒的婦女、男性裸體、女性裸體以及風景等事物的照片，結果發現男性受試者在看到女性裸體、女性受試者在看到抱著嬰兒的婦女時，瞳孔都會放大，這說明人在感到興奮、有親切感或產生興趣的時候，瞳孔也會相應地表現出「放大」的行為。

不僅如此，就連日常生活中出現的一些如口誤、筆誤、遺忘等一系列錯誤行為，通常也是由於人的潛意識心理不斷干預意識，最後妨礙了人正常的視覺、聽覺等認知和語言表達的結果。

▶ 有人的地方就有心理學

因為心理學是研究人的學科，所以和人相關的科學領域都是心理學的涉足之地，可以說它無處不在，只要是有人存在的地方都會有心理學。正因為如此，心理學所研究的領域非常廣闊，有著許許多多迥然不同的主題，哪怕是生活中的一些小事，都可以用心理學來分析解釋，從而得出各式各樣的有趣結論。

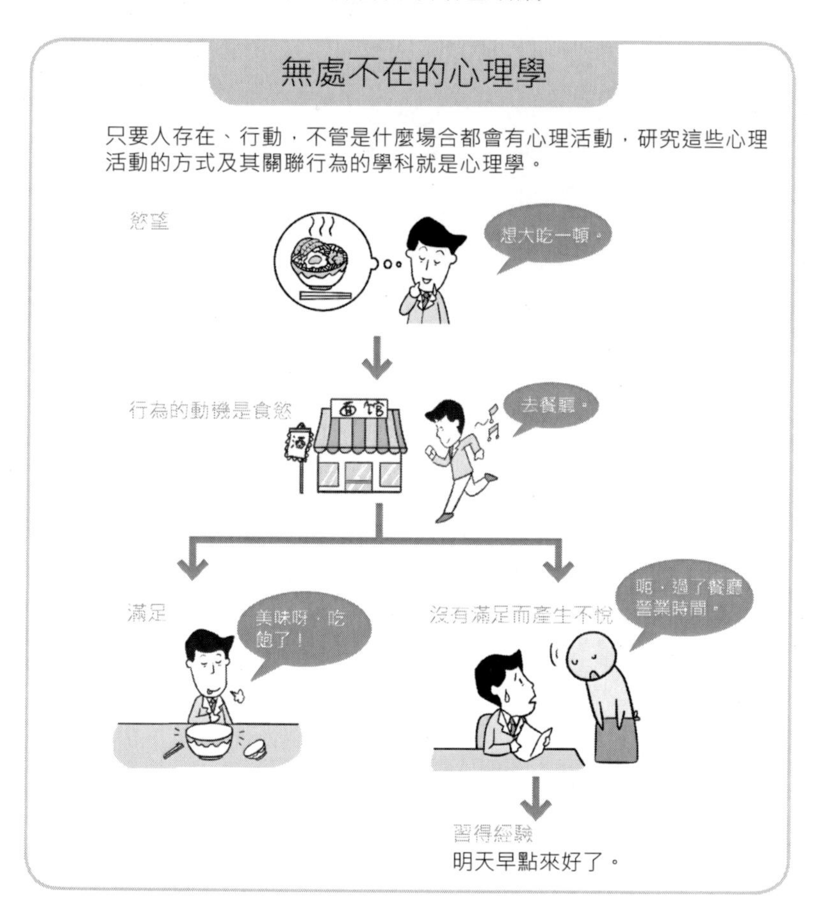

第 2 節　各式各樣的心理學

如前所述，心理學涉及人類生活的方方面面，所以雖然被統稱為心理學，但實際上它大致可以分為兩大類：基礎心理學（又稱普通心理學）和應用心理學。前者主要研究心理學的一般法則，後者則是以實用化這些法則為目的。如果進一步細化，兩者還可以繼續分為各式各樣的門類。

心理學的分類

基礎心理學

- 研究心理學的一般法則。
- 以實驗為主要研究辦法。
- 針對團體組織。

A組和B組心理上的區別是？

社會心理學　知覺心理學

發展心理學　認知心理學

學習心理學　人格心理學

變態心理學　語言心理學

計量心理學　生態心理學

……

應用心理學

- 用基礎心理學研究而來的法則和知識解決實際問題。
- 針對個人，重視運用。

臨床心理學　教育心理學　學校心理學

組織心理學　犯罪心理學　社交心理學

災難心理學　交通心理學　運動心理學

健康心理學　性心理學　職業心理學

藝術心理學　宗教心理學　歷史心理學

政治心理學　經濟心理學　軍事心理學

民族心理學　空間心理學

……

► 解救心理困境的臨床心理學

人的內心並不總是處於十分安定的狀態，一旦失去平衡，很容易引發一系列的心理疾病，甚至導致精神病。事實上，真正患有精神病的人很少，不到總人群數的 1%，但是沒有任何心理問題的人同樣很少，大部分人都處於二者之間。顯而易見，人的心理、精神健康狀態是呈正態分布的。

因為精神病患者是精神病學的研究對象，並不需要接受心理學方面的治療，所以那些處於過渡帶有種種心理問題、或有不同程度的心理障礙的人，就成了心理學主要的關注對象。臨床心理學正是圍繞著攝食障礙、慢性疲勞症（chronic fatigue syndrome, CFS）、失足、暴力、自閉、憂鬱、歇斯底里等心理困境而生，它一方面運用心理學知識治療和緩解這些心理疾病，另一方面也常常指導人們減少壓力、培養良好的個性，以提高對社會的適應能力和行為效率。

臨床心理學最早誕生於一八九六年，當時美國賓夕法尼亞大學的心理學家魏特曼（L. Witmer）開設了世界上第一家臨床心理門診。雖然這家門診初期的任務只是治療有情緒問題或學習障礙的兒童，但魏特曼也首次提出了「臨床心理學」這一術語。到了一九〇五年，史丹佛 - 比奈智力量表（Stanford-Binet Intelligence Scale）問世，它評價了人類智力的個體差異，教育心理學以它來分類人們，臨床心理學者也深受啟發，開始編制各種測量人格和興趣、情緒的工具量表。第二次世界大戰時，臨床心理學在人員選拔、特殊人員的培訓、醫療康復等方面的作用開始突顯，進一步刺激了它在世界各地的發展。

臨床心理學的治療，一般不能使用任何藥物，臨床心理學者必須觀察患者、清楚病人的症狀，還要盡可能地瞭解患者的各種資訊，包括患者的家庭狀況和出生環境等，並採用個案研究法（case study）逐漸把握患者的個人人格，再進行科學診斷，最後選擇針對性的治療法。而因為對治療經驗要求很高，所以沒有經過訓練和考核的人，哪怕是心理學家或是醫學工作者，都無權制訂治療方案，即沒有所謂的「處方權」。

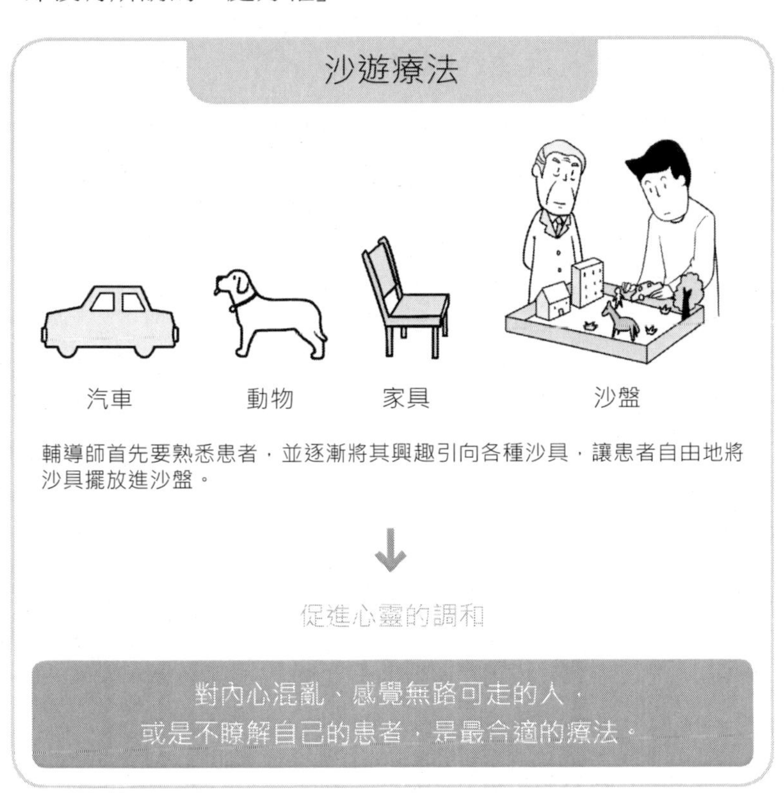

沙遊療法（sandplay therapy）是著名的臨床心理學治療法，它是從英國醫生羅文菲爾特（M. Lowenfeld）的世界技法（world

technique）變化而來。作為一種心理活動的投射實驗，它可以透過擺放沙盤內的沙具，塑造出反映受試者內心狀態的心靈花園。實驗時，輔導師要在適當距離觀察受試者如何開始實驗、選擇了哪些沙具、沙具的擺放位置及相互關係等內容，並聆聽受試者對整個場景的描述，最好拍攝沙盤的照片以和之後的實驗對比。以沙盤為中介，當輔導師體驗到受試者的內心世界時，一個同理時刻就產生了，能不斷影響受試者的契機也就產生了！

▶ 解釋犯罪和社會病理的犯罪心理學

「犯罪心理學」一詞，最早是在一七九〇年德國學者明希（Munch）的著作《犯罪心理學在刑法制度中的影響》中出現的。兩年後，他的同胞紹曼（J. C. G. Schaumann）完成的《犯罪心理學論》第一次以犯罪心理學為著作名，正式向科學界宣告了這一心理學課題的存在。

十九世紀後期，歐洲社會矛盾尖銳，犯罪率急劇上升，人們急迫地想要尋找預防和控制犯罪的辦法。當時資本主義世界正處於社會生產力飛速發展的時期，科學的發展也如火如荼。在這樣的大背景下，犯罪心理學作為以人類自身為研究對象的新興學科中的一員，在具體提示犯罪行為原因、心理機制、罪犯的人格特徵方面的作用不可替代，越來越受到人們的關注，最後逐漸成為了一門專業的學科。

簡單地說，犯罪心理學主要研究犯人的意志、思想、意圖及反應等，和罪犯類學息息相關，但也有廣義和狹義之分。狹義的犯罪心理學，主要研究罪犯本身，即犯罪主體的心理和行為；而廣義的犯罪心理學的研究對象，還包括預防犯罪的對策、有犯罪傾向的人群及刑滿釋放人員相關的心理學問題。不僅如此，除了根絕犯罪並矯正罪犯人格，使其正常回歸社會之外，還有研究人內心深處的異常性和本性的另一個主題。

犯罪心理學的研究一般建立在假設的基礎之上，首先需要根據已知心理學知識和原理嘗試性推測，接著再使用觀察、調查、問卷等調查方法蒐集罪犯的各種資訊。要調查的內容包括：罪犯為何會走到犯罪這一步？他們是出於怎樣的立場考慮？犯罪行為對他們有怎樣的意義？隨後將蒐集到的事實資料進行科學的整理和分類，即所謂的系統化、簡約化。完成這些工作之後，就到了下結論的最後一步，以整理分類後的資料與最早的假設對比，得出驗證後的結果。

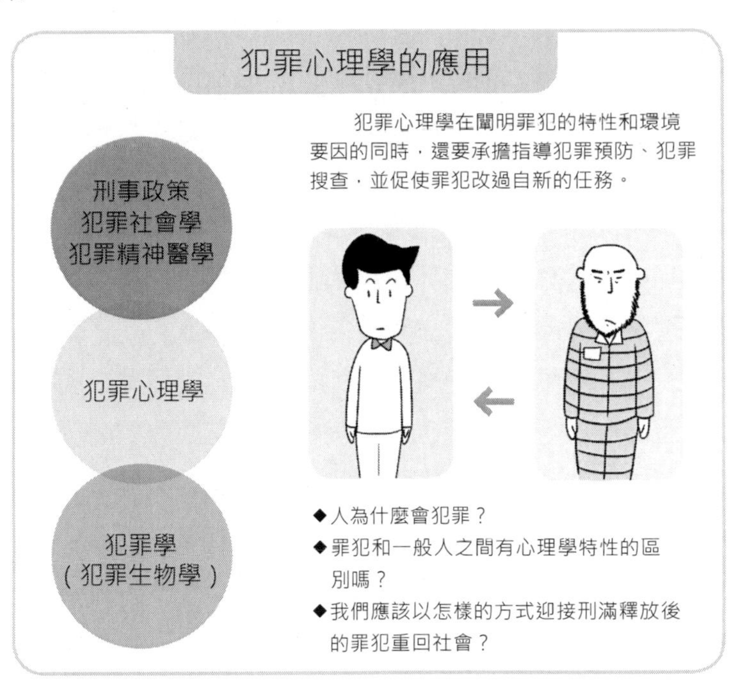

如果遇到隨機殺人的罪犯，一般人大都會認為罪犯具有某種異常心態，而犯罪心理學者則必須立足於「罪犯和一般人並沒有明確的區別」這一基準點，把研究重點轉向「罪犯為什麼要犯罪」這一關鍵。另外，為了探討罪犯行為與心理的互動關係，犯罪心理學經常將罪犯一分為二地視作「行為之人」和「心理之人」。這種視角並不是完全將罪犯生硬地割裂，反而是系統結合，在具體分析的時候，至始至終是使罪犯處於「身心統一」的狀態之下進行。

▶ 伴隨成長的發展心理學

一個人出生的時候是否就有了心理活動？促使心理成長的是遺傳，還是經驗？嬰兒為什麼會認生？兒童為什麼會存在叛逆期？為什麼到了中年，很多人都出現了第二次躍進式心理成長？老年又是怎樣的心理狀態？以上都是人類在成長過程中無法迴避的問題。

人從出生到死亡，身體和內心都在不斷成長，能夠闡明這一心理發展過程的科學就是發展心理學。它最基本的定義是研究心理的發生、發展過程和規律的心理學分支，其中，隨著年齡增長出現的心理轉變是研究的重中之重。由於涵蓋了人漫長的一生，所以發展心理學在整個心理學領域都占有非常重要的地位。

一般說來，心理發展是從低級走向高級、從簡單走向複雜。當然，在具體的發展過程中，也包含有某些既有因素的削弱和新因素的抬頭。青少年時代在生長方面占優勢，成年後處於較為穩定的狀態，而到老年時衰退則占了上風。不難理解，青少年處於心理成長的活躍階段，這一時期的心理狀態影響中年、老年時期甚深。所以在發展心理學內部按年齡階段分類的學科中，又以兒童期和青春期的心理學研究為主。另外，雖然發展心理學的主體內容是個人正常的心理成長，但也會說明期間出現的異常情況，如兒童期的心理創傷、青春期的神經性厭食症（anorexia nervosa），以及中年期的家庭暴力等。

透過具體實驗，發展心理學者們揭示出了一系列人類心理發展的規律，如人的心理發展總是遵循一定的時間先後順序，而並非按照完全均衡的速度向前推進，在發展中也表現出了非常明顯的個體差異性等。當然，由於技術的局限性，這些規律幾乎都是在實驗室研究模式下得出的結論。

到了現代，隨著科技水準的迅速發展和社會的不斷變革，發展心理學的研究開始出現了一些新的特點：①研究思路的生態化，越來越強調在現實生活或自然情境中研究，而不僅僅局限於實驗室；②研究方式跨領域，將所有有助於發展心理研究的學科都納入，形成了一個多領域結合的研究體系；③研究內容擴大化，越來越重視不同家庭教育環境和社會文化背景對個體心理發展的影響；④研究方法的綜合化和現代化，增加了更多種類的研究方法，大量採用了多變量的綜合設計，使定量分析和定性分析銜接得更加緊密；⑤多元統計技術的大量應用，與多變量的綜合設計相對應，也越來越常採用多變量統計（multivariate statistics）；⑥研究過程的資訊化，過去的心理研究中人力所無法企及的複雜計算使用電腦完成，使統計數據的準確性和速度都大大提高。

發展心理學的研究範圍

發展心理學是由一八八二年德國心理學家普萊爾（W.T.Preyer）所著的《兒童心理學》（The Mind of the Child）發展而來，後又加入了各個發展階段的研究而形成，它的研究範圍很廣，例如：

嬰幼兒心理學

以嬰幼兒期間的心理為研究對象，經常被認為是兒童心理學的一支。

兒童心理學

從嬰幼兒到小學生期間，因自我意識形成的關係而有較多研究。

青年心理學

12～22歲，研究因人格定型而引起的重大發展變化。

老年心理學

社會高齡化現象日益深刻，老年期的心理研究更加必要。

▶ 感受和認識萬物的認知心理學

人究竟是如何接受世間萬物？已經記住的資訊到底是如何重新從腦海浮現？當眼前出現了問題時，該如何應對？……能解決這一系列問題的，就是我們現在講到的認知心理學。

認知心理學是一種起源於一九五〇年代、並在一九六〇年代後開始在歐美興起的心理學思潮，一九六七年美國心理學家奈瑟（U. Neisser）著成《認知心理學》（Cognitive Psychology）一書被視為是認知心理學正式獨立的標誌性事件。

認知心理學與重視人類外在行為的行為流派心理學不同，它著眼於人看不見的高級心理過程，主要是認知過程，如注意、知覺、表象、記憶、思維和語言等。換句話說，認知心理學的研究核心是外界資訊輸入和輸出之間發生的內在認知。在認知心理學看來，人是一個類似於電腦的資訊加工系統，人對世界的各種感知，本質上就是資訊加工，而這個過程可以分成編碼、儲存和提取等一系列階段，而人的各種行為就是這些程序的直接產物。

人對資訊的內部加工顯然不能被直接觀察，所以認知心理學者就把資訊由輸入到輸出的過程分解為不同階段，再透過觀察和記錄，測量出每一階段所需要的時間，以此來確定每一階段的性質及在整個認知過程中與其他階段的關係，這就是所謂的「反應時間（reaction time，簡稱 RT）」。

假定一個人看螢幕投射的圓形，投射時間很短，只有 1ms，這個人自然不會認為自己看到了什麼，說明知覺不是瞬間能夠完成的；但如果把投射時間延長至接近人類視覺反應的下限 20ms，那麼這個人很可能感覺到眼前出現過某種東西，但卻不知道是什麼，這說明雖然知覺產生了，但尚無法辨別。而要直到投射的時間長到足以讓人分辨出投射的圖形是圓形而不是其他形狀，我們才能說以肉眼辨別一個圓形的完整知覺產生了，這一實驗充分說明了知覺是一個累積完成的過程。

隨著資訊科學的日益發展，認知心理學也開始採用電腦模擬與類比認知過程，心理學者們設計了大量的類似於人腦的模擬程式。在預測複雜輸出的過程中，階段步驟很多，且需要大量變量的聯繫，人力很難把握，而電腦模擬卻往往可以得到準確的結果。

雖然一直與行為主義的心理學流派背道而馳，但近年來認知心理學也不局限於研究單純的內部心理活動，一度拓展到了行為研究的領域。加上它本身特別強調知識的功能，所以得出了人接受外部資訊、結合內部儲存的記憶，從而形成知識和經驗，來引導未來行為以及塑造生活環境的結論。

認知心理學

	電腦	認知心理學
輸入	輸入資訊	看、聽、嘗、嗅、觸摸
保存	硬碟保存	複雜的心理處理與認知
檢索 輸出	需要時檢索，打開資料夾或程式	以心理感覺判斷情況並向外界作出反應

電腦處理資訊的過程，某種程度上與人認知周圍環境的過程相似。

受電腦誕生影響的認知心理學，是以電腦處理資訊的原理和模型來理解。

▶ 區分人格屬性的人格心理學

在日常生活中，我們經常會發現帶著不同「色彩」的人，有的開朗外向，有的憂鬱內傾；有的僅一面之緣就難以忘懷，有的朝夕相對卻平淡如水。不同的人對事件的態度和情緒表達上往往也不同，即使外部環境偶爾導致人們的相似反應，但是個人的差別很快就能表現出來。

穩定的行為內部傾向和發生在個體身上的人際過程，在心理學上被稱作「人格」。人格並非單一的概念，包含氣質、性格、信念、自我觀念，以及個體適應環境時在能力、情緒、需求、動機上的整合，是個人模式化的行為特徵群集。同時人格也是一個系統，如同人的身體一樣，不但包含結構和過程，還包含過去的回憶和經驗對人的影響。正因為如此，人格能夠反映人的天性和教養，乃至過去對現在和未來的建構。

人格貫穿人的一生，是具有動力一致性和連續性的自我。由於它的形成特徵因人而異，所以產生了各自的獨特性，使人在面對同一情況時會表現出不同反應，哪怕是同胞兄弟姐妹，這種差別也不能被抹殺。人格心理學正是透過研究這些獨特性及其成因，從而預計出它們對塑造人類行為的影響。

人格的形成受到不同因素的影響，因此有不同的分析理論，比較著名的有精神分析理論（psychoanalytic theory）、特質理論（trait theory）、社會認知理論（social cognitive theory）、遺傳決定理論（theory of hereditary determination）等。人格心理學的創始人——著有《蛻變》（Becoming: Basic Considerations for a Psychology of Personality）的美國心理學

家奧爾波特（G. Allport），就是特質理論的擁躉。他認為特質是人格的基礎，是心理組織的基本建構單位，是每個人以其生理為基礎而形成的一些穩定性格特徵，並由共同特質和個人特質系統組合而成。隨後不少心理學家在此基礎上補充和完善，逐漸形成了一套廣泛被使用的五大人格模型，列舉了五種普遍的人格特徵，包括：直率、思路廣闊的開放型（Openness to experience）；公正、拘謹克制的自律型（Conscientiousness）；熱情、樂於交際的外向性（Extroversion）；溫厚、樂於助人的和親和型（Agreeableness）；敏感、情緒消極的神經質型（Neuroticism）。這五種截然不同的特徵被視為人格的基本因素。

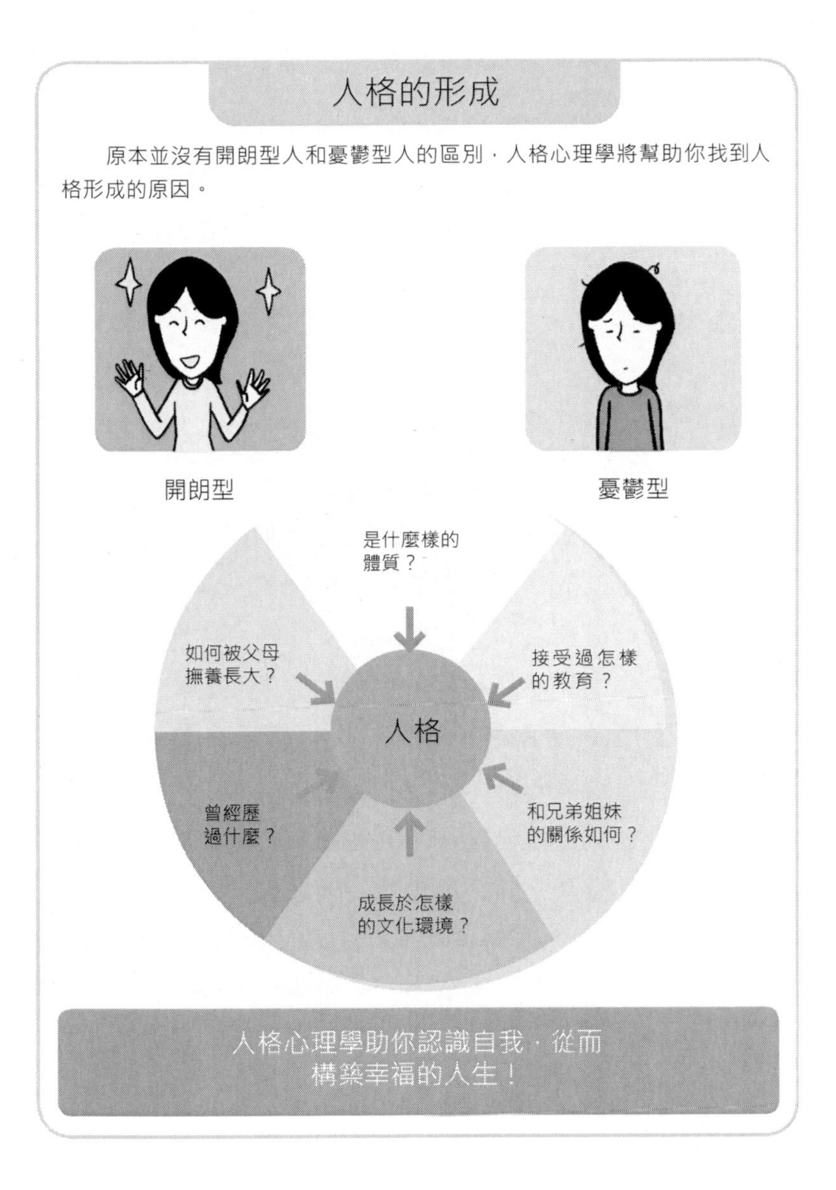
人格的形成
原本並沒有開朗型人和憂鬱型人的區別，人格心理學將幫助你找到人格形成的原因。
開朗型
憂鬱型
是什麼樣的體質？
如何被父母撫養長大？
接受過怎樣的教育？
人格
曾經歷過什麼？
和兄弟姐妹的關係如何？
成長於怎樣的文化環境？
人格心理學助你認識自我，從而構築幸福的人生！

▶ 打開對方心扉的社交心理學

人是社會性的動物，不可能脫離社會存在，這就是所謂的社會交際，即社交。無產階級先驅馬克思就曾經說過：「社會是人們交互作用的產物，社交是人類的必然伴侶。」社交之於人的重要性不言而喻。

在心理學上，社交是指人與人之間的心理接觸或直接溝通，由此達到一定的認知。就本質而言，社交不僅是一項重要的社會實踐活動，而且還是從事其他社會活動的基礎和前提，甚至可以說是從心理交流開始的行為集合。從人呱呱墜地的那一刻起，人的社交就開始了，但在意識產生的初期，人與社會互動的環境各不相同，日後便形成了各自不同的社交心理慣性。良好的心理慣性引導的社交行為，是人們進行社交活動的必要條件，如果心理慣性失當，就會嚴重妨礙拓展交際圈和適應社會。現代社會資訊爆炸，人口流動成為常態，傳統的社會關係被打破，社交也變得日益複雜化、多樣化，成為了制約人發展的關鍵要素之一。

顧名思義，社交心理學就是研究社會交往中人與人之間在接觸中相互影響、互動時產生的心理和行為問題的科學。它的主要任務是聚焦社會系統下的各種問題，研究和探索社交中一般的心理規律，並上升到既能夠解釋已知事實、又能夠預測未來的高度。但由於社交心理學由社會學和心理學交叉形成，和臨床心理學也有一定的重疊，因此遲遲未在學科概念的界定上有一個統一的定義，屬於心理學的邊緣學科。

影響社交心理和行為的不確定因素很多，隨機性極大，研究時不能局限於單一因素，故社交心理學主要採用觀察法、調查法、實驗法和測量法等對社交心理和行為進行定性和定量分析。另外，作為一門綜合學科，社交心理學的研究通常需要借助多種學科既有的理論和方法，從而構築起一個完整的知識體系，靈活地服務於社交實踐。

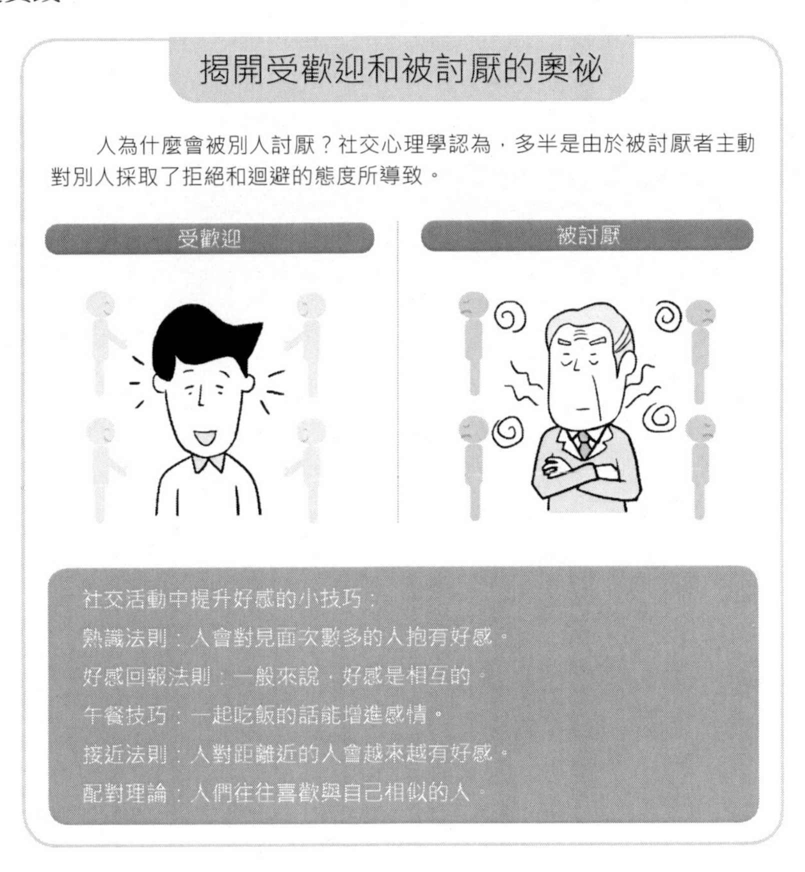

▶ 創造無限可能性的教育心理學

以心理學的觀點研究教育行為，從實踐上解決與教育有關的一切課題，教育心理學是介於教育科學和心理科學之間的邊緣學科，

既有教育的意義，又有心理學的意義。它的主要研究對象是教育情境下「老師教」與「學生學」的過程中互動的心理規律，解析了學生學習的性質和特點，並以此引導教師改良教育方式，提高教育品質。

▶ 為運動員排憂解難的運動心理學

運動心理學是體育科學和心理科學的完美結合，其名稱最早出現在現代奧運創始人古柏坦（Coubertin）的文章中。從科學的教授、訓練方法，到緩和賽前的不安和緊張的情緒護理，運動心理學進行了全方位的研究，特別是人在參加體育運動時的心理過程。近年來，運動心理學的著眼點也不僅僅局限於運動員，普通人也經常受益於它的各種研究成果。

▶ 預防身體疾病的健康心理學

健康心理學是運用心理學知識和技術探討和解決有關保持和促進人類健康、預防和治療各種身體疾病的心理學分支。它算是心理學大家族中的後起之秀，直到一九七〇年代後期才正式形成為一門學科。它的中心任務是研究引發身體疾病的不良心理，著眼於維護人體健康，而不是疾病的治療。換句話說，健康心理學是一種以預防為主、治病於未然的心理學分支。

▶ 治癒災難受損心靈的災難心理學

天災人禍能輕易地奪走人的生命和財產，人在面對這樣的狀況時，往往遭受到巨大的心理衝擊，從而導致心靈創傷，並經常深陷在恐慌的創傷經驗中。作為歷史不過二十年的新興心理學分支，災難心理學是以心理學的方法，幫助受災人群重新建立一套新的安全機制，即所謂的心理復健。除此之外，它的力量還在於在災難未發生之時，幫助人們樹立正確對待災難的心態。

第 3 節　心理學的歷史

如前所述，心理學誕生於哲學的襁褓之中，但直到十九世紀後期之前還一直未能脫離哲學的母體而單獨存在，它的發展史是一個從神話到現實的過程，也是人類不斷認識自我的過程。

▶ 從亞里斯多德的心理研究開始

將人類的心理作為理論來考慮，偉大的古希臘哲學家亞里斯多德是史上第一人，他總結了前人（包括他的老師柏拉圖）的心理學思想，著成世界上第一部心理學著作《論靈魂》（De Anima），詳細論述了感覺、記憶、睡眠等和現代心理學相通的主題。

但此後古希臘的心理學研究後繼乏人，亞里斯多德的思想光輝很快便湮沒在了時間的洪流之中。等到心理學研究重新開始之時，已經是十六世紀後半段了。到了十七世紀，在英國誕生了經驗主義心理學，很快就發展成為聯想心理學。與此同時，德國也出現了理性主義心理學，不久即發展為能力心理學。

聯想心理學和能力心理學在「天賦」這個問題上分歧明顯：前者認為人降生之初，如同一張白紙，是不斷依靠聯想認知，最後形成觀念體系；後者則認為人與生俱來一些特定的能力，並由感性、悟性和理性三種形式的認識能力去認識世界。

自然科學和心理學攜手而行

十八世紀後，生物學、醫學、生理學、物理學、數學等自然科學迎來了前所未有的巨大發展，心理學也深受其惠，逐漸從哲學的範疇中掙脫，一步一步朝著專業化、細分化的方向發展。

比如說，達爾文的演化論將人和動物的演化過程一視同仁，從而使動物心理學和比較心理學（comparative psychology）得到了發展。不僅如此，生物學和物理學也刺激了對感覺和知覺的研究，醫學和生理學還使精神疾患和催眠的研究更加深入。從此，心理學的研究進入了與其他學科互相影響、互相促進的高速發展期。

▶ 心理學之父馮特

一八七九年，德國萊比錫大學誕生了世界上第一間心理實驗室，從而使心理學徹底脫離數千年的附屬地位，真正成為一門獨立的科學。創建這個實驗室的正是被後世譽為「心理學之父」的馮特（W. Wundt）。

馮特認為，人的心理是由各種要素組合成的結合體，比如說人們聽到「香蕉」這個詞，立刻會聯想到黃色、甜、清香等感知要素；反過來說，人的五感受到香蕉色、香、味的刺激而產生感覺、形成觀念，最後確認了對香蕉的認識。

將人的內心的某一瞬間上升到意識的整體體驗（即統覺），並逐一分解構成這個整體體驗的各種要素，這就是所謂的「內省法（introspection）」。正是由於馮特採用了這樣的分析法，所以他一直被認為是結構主義心理學的代表。

▶ 行為主義心理學崛起

進入二十世紀後，心理學也迎來了科學時代。首先躍入人們眼簾的就是與研究意識為基礎的傳統觀念完全對立、由美國心理學家華生（J. Watson）開創的行為主義心理學。

華生將心理學定義為一門行為科學，認為心理學不應該單單研究意識，還應該研究為了適應環境變化而產生的各種身體反應，即行為。事實上，華生之所以提出這樣的觀點，受到了俄國生理學家巴夫洛夫（I. Pavlov）的影響甚深。後者曾經完成了這樣一個實驗：狗在想要進食時會流口水，在給狗餵食之前按節拍器，堅持一段時間之後，即使沒有餵食，狗在聽到節拍器的聲音時也會流口水。這就是著名的條件反射實驗（conditioned reflex），它從側面揭示了外部刺激、心理活動和身體反應的關係。

但是華生的行為主義過分強調刺激與反應之間的規律性關係，

而無視人體內部的心理過程，所以很快便遭到了指責和非難。不久，同是美國心理學家的托爾曼（E. Tolman）、赫爾（C. Hull）和史金納（B. Skinner）等人掀起了新行為主義的大旗，在華生原有理論的基礎上，把行為主體（人或動物）的內部也納入研究。在此後四十年，新行為主義一直牢牢占據著美國心理學界的統治地位。

▶ 格式塔心理學抬頭

行為主義在美國大行其道的同時，心理學家科勒（W. Kohler）、考夫卡（K. Koffka）、魏泰默（M. Wertheimer）則在德國法蘭克福創建了另一門新的心理學流派 —— 格式塔心理學，用以批判當時甚為流行的結構主義元素說和行為主義刺激 —— 反應論。

「格式塔」是德文「整體」的譯名，但形狀、形式等外部特徵並不是格式塔心理學的研究對象，經驗和行為的整體性才是其關注的核心。格式塔心理學者們認為，整體不是由個別元素決定，心理現象具有其整體性，不能分解成各種簡單的感覺元素，整體的特性並不包含在元素之內。換句話說，格式塔心理學強調的是現象的本來面目，認知事物應該從整體開始。格式塔心理學的三個方面的實驗研究 —— 頓悟實驗、似動現象和圖形 - 背景關係 —— 都是這一理論基礎的延伸。

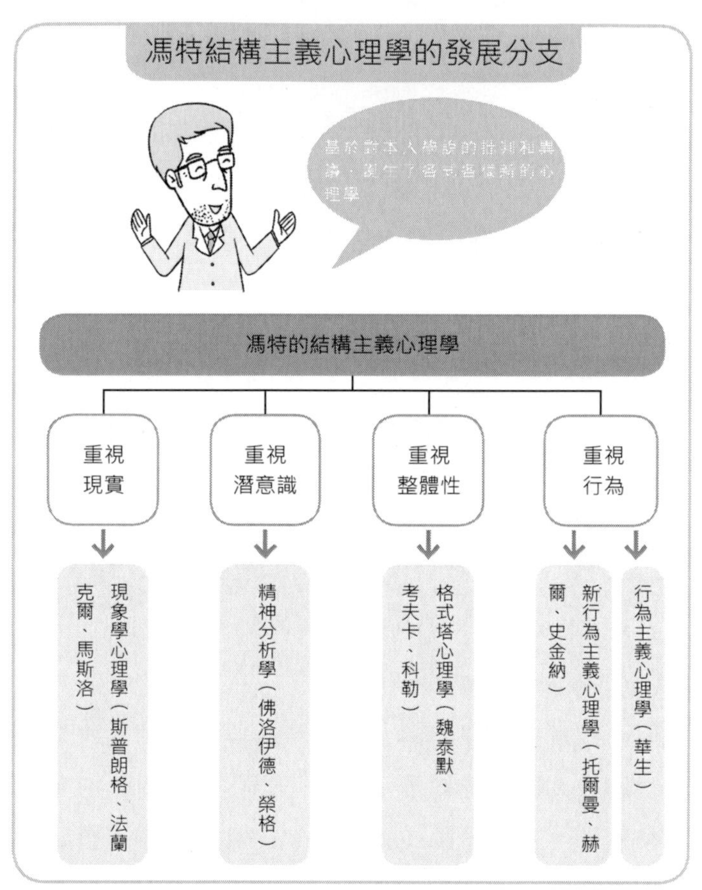

▶ 精神分析學說登場

在這個心理學流派百花齊放的時代，佛洛伊德（S. Freud）的精神分析學說同樣也是不容忽視的一支。這位後來聞名世界的奧地利精神分析學家原本只是一名精神科醫生，但在嘗試用催眠治療精神疾病的過程中，透過觀察和分析病人以及自己的夢境，發現和確認了潛意識心理現象，並由此發展出了精神分析技術。

精神分析學說包含有意識層次（人的精神活動包括意識、前意識和潛意識三個層次）、人格結構（人格由本我、自我、超我三部分組成）、性本能（性慾是人一切活動的內在動力）、心理防禦機制（人類調節自身各種矛盾必要的防衛功能）、夢的解析（被壓抑的潛意識會被夢改裝表達）等主要理論，且在這些理論的引導下，逐漸研究出了自由聯想（free association）、釋夢（dream interpretation）、移情（transference）等療法。

精神分析學說的影響是空前的，它在心理學領域內部的地位就如同演化論之於生物學。之後，佛洛伊德的傑出弟子榮格（C. Jung）在精神分析學說的基礎上，將個體的潛意識上升到了集體，還衍生出了另一個著名的心理學流派——分析心理學（analytic psychology）。

第 2 章

認知、感受與心理學

第 1 節　大腦和心理的關係

古人認為心臟是人類心理活動的器官，心理是心臟的機能。就拿漢字來說，凡帶有「心」字旁的字，都和心理活動有關，如「愛」、「恨」、「怒」、「念」、「悅」等。然而在生活實踐中，人們漸漸發現了這樣一個事實：只要腦部受到損傷，哪怕心臟活動正常，心理活動都會或多或少地受到破壞。

大腦，這個人類至今依然無法完全瞭解的身體器官，到底蘊藏著什麼樣的祕密？

提及大腦與心理的關係，十七世紀法國著名的哲學家笛卡爾（R. Descartes）曾經倡導過大腦和心（意識）是各自獨立的「心身二元論」；但到了現代，心理活動由大腦創造的「一元論」逐漸得到了普遍接受。

根據近年對大腦的研究，人們發現喜、怒、哀、樂等心理學領域的情緒，大都與大腦邊緣有著密切的關係。不僅如此，理性判斷、創造性思維、計劃、愛、熱忱、鬥志等人類高級精神活動，一般被認為是受大腦新皮質的額葉所支持。

也許你會有這樣的疑問：隨著大腦研究的發展，心理學是不是就變得無足輕重了呢？答案當然是否定的，因為促使大腦產生生理變化的，並非取決於對延續生命的「合理」資訊取捨，而恰恰是各式各樣的心理活動。比如說，很多見義勇為事件的主角，為了救助別人而犧牲自己，而從維持自身生命、保證物種延續的立場來看，這明顯是非常矛盾的。

除此之外，人在感覺到快樂、悲哀等各種心情時，也和本人的意識沒有關係，但神經系統卻產生了變化。於是，研究神經系統和身體組織表現出的生理反應，以此來分析心理活動的生理心理學就誕生了，它的研究成果還經常被用在測謊儀上。相信在不久的未來，隨著大腦研究和心理實驗的不斷深入，能夠真正解答「心究竟是什麼」的問題。

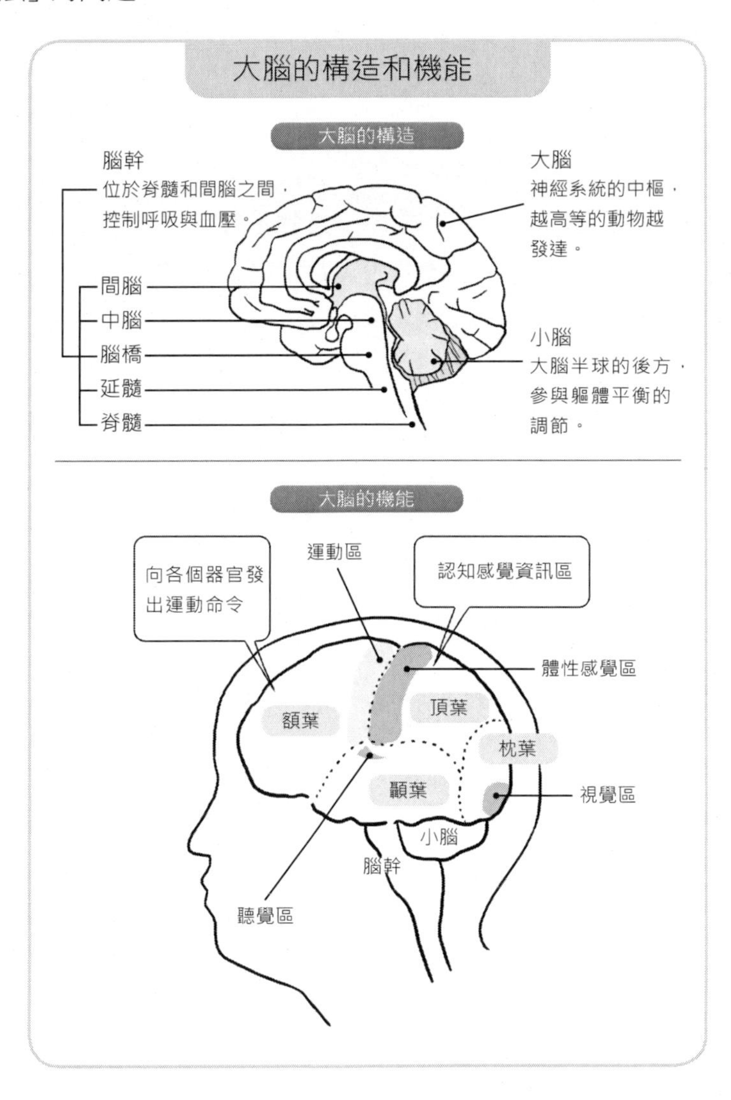

第 2 節　認知是資訊處理過程

當我們呱呱墜地，在睜開眼的一瞬間，就開始了認知這個物質世界的旅程，它五顏六色、繽紛蕪雜，意味著一切可見可感之物。人的大腦接受外界的大量資訊和刺激，並自動處理，最後根據狀況採取相應的行動。

▶ 人對世界的認知

人是透過五感來感知世界的，具體地說，人是透過眼睛的視覺、鼻子的嗅覺、耳朵的聽覺、舌頭的味覺、身體的觸覺獲得外部世界的資訊，然後將獲取的資訊在大腦（類似硬體）裡，依靠心理活動（類似軟體）處理。

資訊處理的狀態有很多，比如工作時接到客戶電話，稍有經驗的櫃臺都能夠一邊看著電腦螢幕，一邊記住電話的重要內容，這就是做一件事的同時，還能注意到其他事的資訊處理狀態；還有，看著電腦鍵盤才能打字看似理所當然，但稍做訓練就能夠盲打，這實際上是控制性處理到自動處理的轉變。

資訊處理一般具有紋樣認知、文理處理、順應等特徵。紋樣認知說的是我們在認知外界刺激時，會在已經保存在記憶中的紋樣的基礎上進行類推比較，即引發所謂的感覺記憶。就像常見的驗證碼，明明和正常的字體相去甚遠，且經常夾雜在其他圖案當中，但大多數人很容易就能識別出來，這正是因為人們已經掌握了這些文字的結果；文理則指代事件所處的狀況和環境，事件必須在其範圍內討論才會有特定的意義。像作文中必須具備的「何時」、「何地」、「怎樣」等都是構成文理的要素。如果在語言範疇，也可以把它叫做「上下文」；而順應是指適應由五感帶來的刺激的活動，它包括人對環境和人際關係的調整。比如說，人在黑暗中時，一開始可能感覺不太習慣，但慢慢地眼睛就能適應；又比如說，新員工很可能對陌生的環境和嚴苛的管理制度畏首畏尾，但經過一段時間後也會如魚得水、鬥志十足。

人是如何認知世界的

人是透過五感來感知世界的，將獲取的外部世界的資訊，在大腦裡依靠心理活動處理。資訊處理的狀態可由控制性處理向自動處理轉變。

資訊處理一般具有紋樣認知、紋理處理、順應等特徵。

控制性處理：眼睛邊看鍵盤邊打字。

自動處理：什麼也不看，盲打。

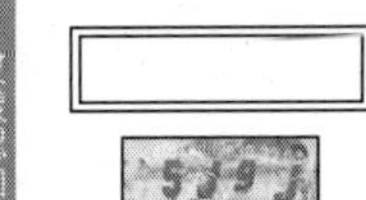

輸入

歪歪扭扭，還夾雜在無關圖樣當中，認知依然能夠進行，並推測出正確的驗證碼。

「爛透了」

死鬼，爛透了！（表責愛）

偷錢包的小偷，爛透了！（表厭惡）

「何時」、「何地」、「怎樣」等都是構成文理的要素。

在黑暗的壞境下，眼睛會很快適應，人對於環境和人際關係認知具有順應性。

▶ 一千個人眼中有一千個哈姆雷特

當你悠閒地漫步街道，忽然衝出一輛速度超快的汽車，你的第一反應肯定是躲開吧？在這個再正常不過的行為背後，到底隱藏著一個怎樣的機制呢？

首先，照射到超速汽車上的光反射到眼球上，眼球上映出的圖像會經由神經傳導到大腦內部的視覺中樞，人立刻會明白迎面而來的是一輛汽車。這就是所謂的視覺，但直到此時依然屬於感覺的範疇。接著，在明白是一輛超速汽車之後，知覺就開始行動，得到「避讓」這一結論，並促使大腦向四肢發出退後的命令。

不過，認知並非沒有個體差異，反而千差萬別。「一千個人眼中有一千個哈姆雷特」(There are a thousand Hamlets in a thousand people's eyes.)，意指莎士比亞四大悲劇之一的《哈姆雷特》給予讀者不同的感受，以至於為父報仇的哈姆雷特王子在每個人眼裡都是不同的形象。

《哈姆雷特》只是一個典型，其實對於所有的藝術作品，總是仁者見仁、智者見智，很難得到一致的觀眾反饋。我們並不是只是在某一時間點上單純地認知身邊的現實世界，以往人生的經驗和當時的心理狀態也影響認知過程甚深，在顯得重要或者不那麼重要的資訊間作出優先選擇之後，才促使認知活動進行。所以即使看的是同一本書、同一部電影，不同的人也很有可能選擇了不同的「重要」資訊，從而產生了與他人不同的認知，形成了不同的印象和感受。

如今有許多名著改編的電視劇，看似普及了名著，其實是扼殺了人們自身對名著的真實認知，將人們心中呈現的不同印象統一，還夾雜了編劇、導演和演員的思想；還有外文書，不僅受兩種語言的詞彙量限制，譯者的思想與素養也不可能和原作者完全同調，所以它也無法 100% 體現出作者想要傳達的認知感受。

第 3 節　記憶的奧祕

吃過一次某種食物，但是非常難吃，此後再看到這種食物時，依然會感到厭惡；經歷過一次重大的事件，當再逢相似的時節和環境時，心中又會湧現出相似的感情。沒錯，這就是記憶的作用。

▶ 何謂記憶

在心理學中，記憶代表了一個人對過去事物的感知、問題的思考、某個時間的情緒體驗，以及進行過的動作操作的印象累積，並保持能夠在必要的時候憶起的狀態。古希臘人曾認為，記憶是人將來自外界事物的印象存入大腦，如同在蠟版上刻下印記一樣。這種說法未免過於簡單，記憶的形成過程實際上也是一個認知的過程，大致可以分為兩種：由感覺器官接收到的外界刺激（資訊）經由連接神經細胞的「突觸」傳遞到大腦皮質的枕葉編碼，再搬運到大腦中部的海馬迴形成記憶；另一方面，類似喜怒哀樂等感情或人體本能相關的資訊一旦被感知，則會直接被搬運到海馬迴中形成記憶。

然而，儲存在大腦中的記憶並不是單獨的結構。十七世紀中葉，以英國心理學家霍布斯（T. Hobbes）和洛克（J. Locke）為代表的聯想主義學派就曾經表明過類似觀點。現代的認知心理學認為，與一個概念相關聯的其他概念，一般存在於此概念附近，而關係較遠的其他概念相應地則存在於遠處，無數的概念、知識、印象正是以這樣的形式，構築起了一個網路狀的記憶系統。而這個系統對於人的意義不言而喻，人類能夠利用它極快地調用出各種關聯資訊。

值得注意的是，先前完成的資訊處理對後來的資訊處理會有一定的影響。比如，我們在出示一些關於麥當勞的資訊之後，接著再以「速食」一詞開頭做聯想實驗，脫口而出「麥當勞」的人，肯定比立刻聯想到「肯德基」的人多得多。

反過來講，先行刺激也會被後續的刺激抑制，這也是為什麼有時候回憶會產生困難的原因之一。就像廣告文案中常用的雙關，如跳舞機的聞「機」起舞、捕蚊燈的默默無「蚊」、冷氣機的一生無「汗」等，雖然看似幽默詼諧，讓人印象深刻，達到了廣告訴求的效果，實際上卻破壞了人原有的成語記憶。而破壞性影響如果長期持續，很有可能會導致人們忘記成語的正確寫法。當然，這種抑制作用也有好的一面，因為我們可以透過後續的正確記憶，逐漸改善原有系統中的「歷史性錯誤」。

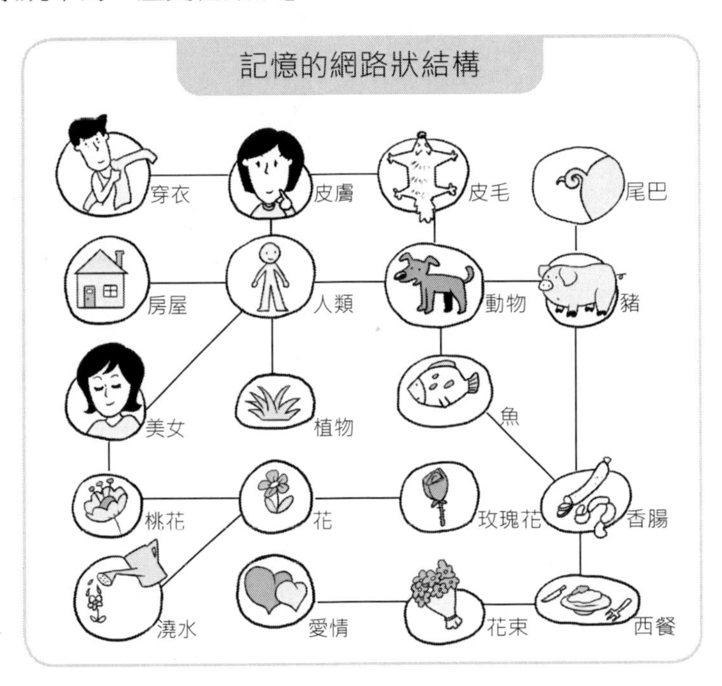

記憶的網路狀結構

▶ 馬上忘掉的記憶與銘刻於心的記憶

記憶形成並儲存之後，就會在需要的時候被提取出來，但並不是說人類所有的經驗或者體驗都能變成難忘的記憶，並能隨心所欲地提取出來。像少時玩鬧的街道、第一次玩過的電腦遊戲等，明明是很久以前出現的，卻歷歷在目、記憶猶新；但幾分鐘前剛剛會面的新客戶的名字，卻馬上就忘掉了。正是由於記憶具有如此不可思議的特點，自古對它的研究就從未停止。

根據資訊的編碼、儲存和提取方式的不同，將記憶過程分成三個階段：

1．瞬間記憶：瞬間記憶也被稱作「感覺記憶」，是指外界刺激以極短的時間一次呈現後，資訊在感覺管道（sense modality）內迅速被接受並儲存的記憶。簡單地說，它還原的是我們最直接的所見所聞，即瞬間記住的是外界刺激物的形象，因此具有鮮明的形象性。舉個例子說，當我們看到「秋風蕭瑟」這個詞時，在瞬間記憶的階段，輸入的是「秋」、「風」、「蕭」和「瑟」這四個字的視覺資訊。瞬間記憶的容量很大，人接收到的資訊一般都能經歷瞬間記憶的階段，但是瞬間記憶保留的時間很短。如果資訊在一秒之內被意識到，則轉入下一個階段，反之則會被遺忘。遺憾的是，在日常生活中，除了人關心的一些資訊被保存下來之外，絕大多數的資訊都消失了。

2．短時記憶：如果在一秒之內意識到瞬間記憶的話，則轉入短時記憶的階段，像上面「秋」、「風」、「蕭」、「瑟」四個字的資訊，到這裡就會變成「秋風蕭瑟」這個完整的詞。

較之瞬間記憶，短時記憶保持的時間較長，大約有十到三十秒，但是它的容量卻是非常有限，僅能記住五到九個項目。在短時記憶階段中，如果插入其他活動，很容易導致記憶過程被干擾而遺忘。就好比一邊讀書，一邊看電視，就很難獲得滿意的記憶效果。另外，短時記憶雖然是被處理過的瞬間記憶，但是在處理過程中，也從下一階段提取了一定的經驗，可以說是一個承上啟下的中間環節，所以它也被稱作「工作記憶」。

3. 長期記憶：短時記憶的資訊經過機械性重複或者精細重複，就能夠轉入長期記憶的階段。記憶到了這個階段，雖然有時候回憶起來會花一點時間，但只要不受干擾，絕大多數的記憶都不會忘記。更讓人驚歎的是，長期記憶的容量極其巨大——無論是資訊的種類或是數量，甚至可以視為無限。

根據記憶內容的不同，長期記憶可以分為兩大類：一類是以語言內容為主的語言記憶；另一類則是諸如游泳、騎腳踏車等無法用語言來表達的運動記憶。如果將語言記憶進一步分類的話，還可以分為單純語意編碼的意義記憶，和包含著特定環境和事件的片段記憶。

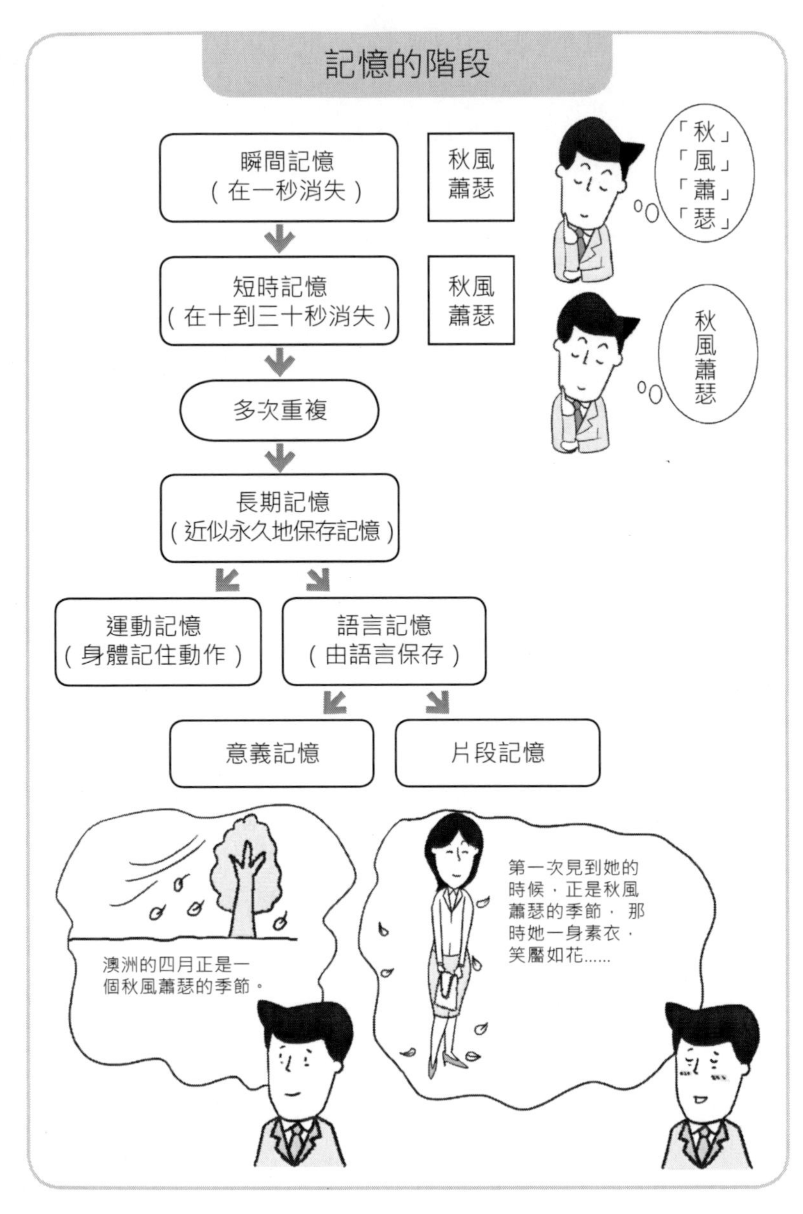
記憶的階段
瞬間記憶
（在一秒消失）
秋風
蕭瑟
「秋」
「風」
「蕭」
「瑟」
短時記憶
（在十到三十秒消失）
秋風
蕭瑟
秋
風
蕭
瑟
多次重複
長期記憶
（近似永久地保存記憶）
運動記憶
（身體記住動作）
語言記憶
（由語言保存）
意義記憶
片段記憶
澳洲的四月正是一
個秋風蕭瑟的季節。
第一次見到她的
時候，正是秋風
蕭瑟的季節，那
時她一身素衣，
笑靨如花……

▶ 提高記憶力的四個訣竅

研究發現，人的記憶潛力十分驚人，容量大約相當於四座美國國家圖書館，但是人類窮盡一生，也不及它的百分之一。所以從理論的角度來講，記憶力大有上升空間，前提是你掌握了正確的方法。

訣竅一：堅持不懈地長期用腦。

眾所皆知，大腦的基本功能單位是神經細胞，人一旦受到刺激，神經細胞會生長出突起，這些突起將使人腦內部的突觸連接，形成越來越龐大的神經聯繫；而若突觸長期不用，就會漸漸縮小、衰退，導致資訊不能順利通過。

訣竅二：系統整合，減少記憶項目。

瞬間記憶到短時記憶的過程中，資訊量的流失最大，原因在於短時記憶的容量極其有限，所以必須想辦法減少欲記住的項目數量。比如說直接記住「14916253649」這個十一位數字是一件很困難的事，但是如果把它記作「1 至 7 的平方數依次連接」，就相當於將十一個項目減少到了一個，顯然容易記憶很多。

訣竅三：多次重複與理解。

如前所述，短時記憶要轉為長期記憶，中間還有一個非常關鍵的環節 —— 多次重複。這種重複可以是死記硬背式的機械重複，也可以是對記憶材料的多次理解和加工，都能夠促進向長期記憶的轉化。

訣竅四：學會聯想。

最後就到了長期記憶的階段，這個階段的記憶雖然不容易忘記，但是也存在一時想不起來的情況。你要充分理解自己並不是真

正地忘記了，而是缺少一個喚起的契機。充分發揮記憶網狀結構的作用，以想要記起的事物為中心，發散式地回憶，這樣沉睡的記憶很容易就能夠被刺激。

順便說一句，酒精對神經細胞的傷害很大，酗酒容易導致記性越來越差，這就是所謂的「酒精失憶症」。

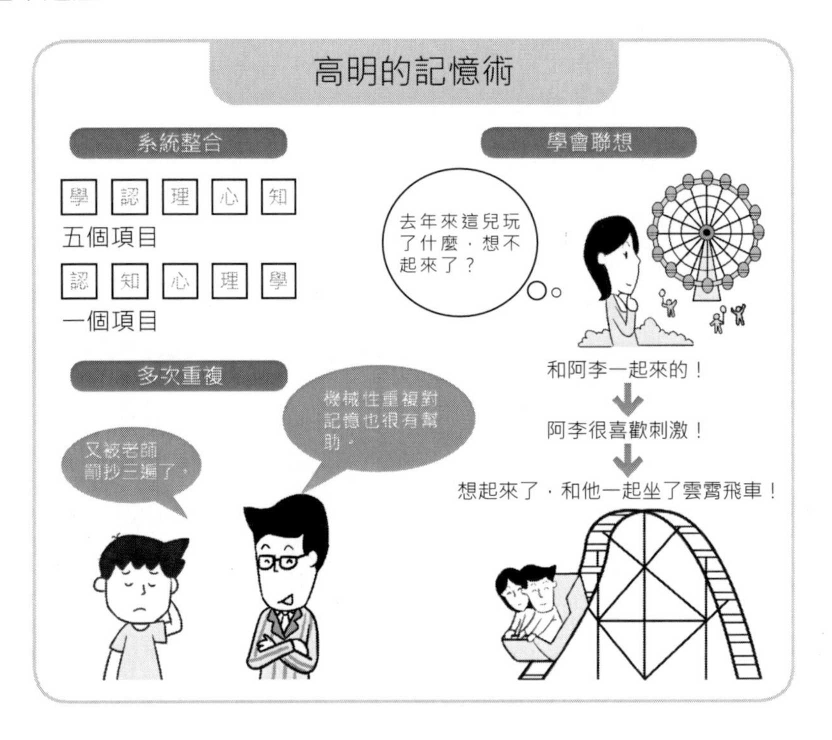

專欄 1　人是怎樣識別臉孔

雖然常說人的長相各不相同，但細細考究起來，其實人的長相非常近似，都是由五官等要素構成；但在日常生活中，我們卻能夠準確無誤地辨別出各種微妙差別，在短時間內認出對方。那我們到底是如何記住大量面孔，這種記憶到底有沒有難點呢？

▶ 分辨不同的臉

長相的記憶一般有以下三個特徵：

1. 孤立效應：比較少見的臉，比如說馬臉、寬嘴、鬥雞眼等就很容易被記住；相反地，形狀過於普通的人，就淪為了所謂的「大眾臉」，常常「放進人群裡就找不到」。另外，充滿魅力的面孔雖然沒有形狀上的不同，卻同樣能夠促進識別，這就是帥哥美女為什麼總是一目瞭然的原因。
2. 意義處理優勢效應：如果把從面孔得來的印象和性格特徵相結合，就會容易記住得多。比如說，對於看起來「外向穩重」的面孔，在聽到與「外向」、「穩重」相似的詞的時候，也很容易想起來。
3. 既知性效應：比起初次見面的人，熟悉的人的樣子更容易想起來，見面次數越多，對對方的識別能力也越強。

▶ 幼兒和成人的識別機制不同

雖然幼兒看似也具有識別一些臉孔的能力，但本質上和成人的識別機制卻有很大的區別。

成人在識別臉孔時，是將臉孔的全部構成元素作為一個整體，統一成完整的印象，並由此來確認對方的身分，是一個「辨認」的過程。這種能力並不是與生俱來，而是在成長發育到一定階段之後才擁有。目前科學界普遍認為，十歲前的幼兒不具備這樣的整體識別能力。小於這一年齡的幼兒在識別人臉的時候，是著眼於眼睛、鼻子、嘴等臉孔的每一個部分來進行，整個過程等同於「拼湊」。

當幼兒探著小腦袋，凝神注視著對方的臉孔時，實際上他們正在依靠對人臉局部特徵的感知，來創建對方的面部印象。但即使是幼兒看慣的人臉，如果突然戴上眼鏡、假髮等外飾物，也很可能會導致他們無法判斷對方的身分。這就是幼兒對人臉沒有整體認知，只能識別局部的最好證據。

這種部分識別的能力，嬰兒在出生後的五個月左右就開始形成，此時的嬰兒已經擁有在數張陌生人的照片中認出母親照片的能力，之後隨著年齡的增長，不斷發展直至成熟。

第 4 節　被誤解的視覺

我們都曾經天真地以為映入眼簾的是「真實的世界」，然而直接感受外界環境反射光線的，是我們的眼球。遺憾的是，眼球不能形成視覺，真正形成視覺的是大腦中完全與外部光線隔絕的視覺中樞。因此，用人眼捕捉的資訊（主觀世界）和真實存在的事物（客觀世界）並非完全一致。

▶ 令人震驚的視覺本質

我們先來做一個小實驗：在你自認為能夠觀察清楚的距離範圍之內，短時間內保持眼睛不動，你是否發現，只有接近注視中心的部分才能看清楚事物的細節，越是偏離中心，事物會越模糊，直至根本無法辨認。這種視覺上的模糊之所以在日常生活中並不明顯，原因在於人的眼球平時都在不斷地運動，並不斷地改變視覺中心。

事實上，人眼提供的視覺資訊通常都是模稜兩可的，它本身對現實世界無法構成確定解釋，整個視覺神經系統必須適用各種約束條件給予主觀解釋，而不同的條件可能會導致不同的解釋。如果從本質的角度看，視覺只是人們根據事先已經形成的認知，再認知剛剛進入視野的事物。換句話說，你所看見的事物也許並不是看上去的那樣，而是你的大腦使你相信它是那樣而已。在絕大多數情況下，現實事物確實與視覺世界的特性相符合，不過兩者一旦不符，這種盲目的「相信」就會導致錯誤。

一個最具代表性的例子就是錯視，它又稱「視覺假象」，在心理學上的定義是：視覺無法修正主觀世界和客觀世界的差別狀態。英國心理學家格雷戈里（R. Gregory）認為錯視很大程度上是由於視覺形成的過程中潛意識的影響，比如說人們都主觀地認為「近大遠小」，在一幅山水圖上看到較小的山，就理所當然地以為它位於遠方，這顯然可能導致有悖客觀事實的認知錯誤。導致錯覺的原因很多，認知條件不佳、外界刺激不清晰、視覺系統功能減退、強烈的情緒、想像、暗示等都能引發錯覺。

各式各樣的錯覺

對於左圖，人注意黑色，會看見兩個面對面的人；注意白色，則會看見酒杯。但人無法同時看見二者，只能選擇看到一個。

受潛意識影響，人通常首先會將黑點作為一個整體來看待。

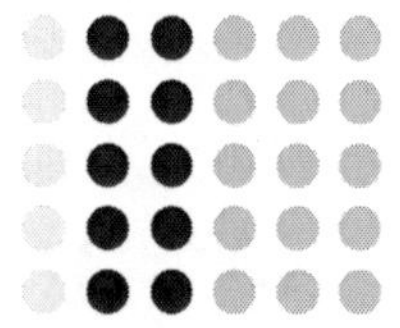

這種情況人會首先意識到圓點的顏色，再根據顏色將其整體化。

在「近大遠小」的透視認知的影響下，如左圖這樣，黑色的人物明明是同樣大小的，但卻給人一種依次變大的錯覺。

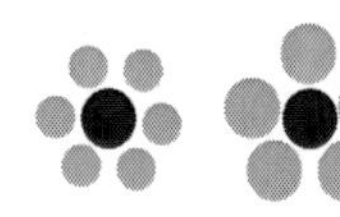

同樣大小的黑色圓點，右圖看上去卻比左圖小。

同樣長度的線段，下圖看上去比上圖短。

專欄 2　色彩的心理學世界

天是藍的，太陽是金黃的，樹木是綠的……如果你天真地認為，色彩僅僅是外部世界簡單的顏色反映，那可能就犯了一個嚴重的錯誤。在心理學上，色彩是以顏色透過視覺開始，從知覺、感情到記憶、思想、意志、象徵等印象的複雜認知過程。

▶ 色彩對認知的奇妙影響

心理學家做過這樣一個實驗：讓兩位受試者分別走進以紅色格調為主和以藍色格調為主的房間，不給他們手錶，讓他們根據自我感覺在一個小時後走出房間。結果紅色房間的受試者不到五十分鐘就走出來了，而藍色房間的受試者則過了七十分鐘還沒有出來。

這個實驗充分反映了色彩會對人類的時間感產生干擾。原來，在紅色環境中，人的脈搏會加快，血壓有所升高，情緒容易興奮衝動；而處在藍色環境中，人的脈搏則會趨於減緩，情緒也較沉靜。在生活中，人們就充分利用了色彩的這種效果，比如說，以就餐效率為主的速食店，總是裝潢成桔黃色或者紅色；而需要長時間開會的會議室總是裝潢成藍色。

色彩對人的認知有著很強的影響力，除了干擾時間感外，還有其他一系列有趣的效果，如深色的鐵球比淺色的感覺重；白色或淺藍色的窗簾會讓人感覺室內比較涼爽；粉紅色有膨脹感，會讓人稍稍顯胖；皮膚較黑的人，總是比皮膚較白的人看起來更加穩重等。

▶ 色彩與性格

古往今來，歷史上很多心理學家都曾經致力於分析顏色與性格的關係，他們堅信人的性格和顏色存在某種聯繫。二十世紀中期，瑞士心理學家呂舍爾（M. Luscher）就根據三千七百四十人的大樣本，實驗證明了人對顏色的喜好包含了心理學上的性格意義，並提出了主題為「人鍾愛的顏色其實是性格在現實的投影」的學術報告。

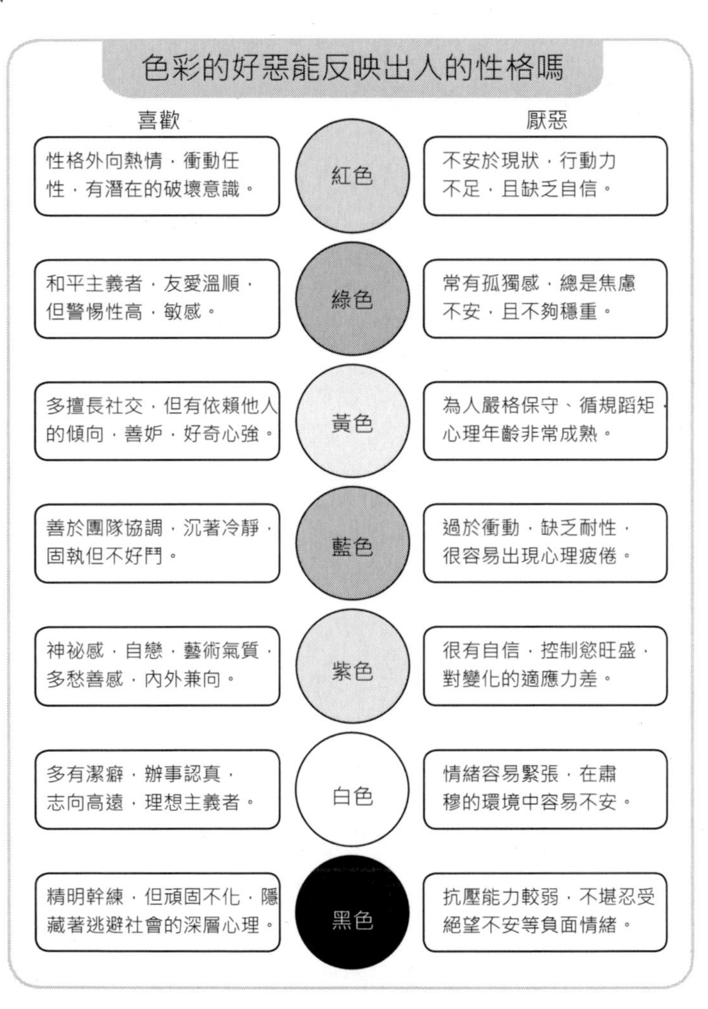

專欄 3　殘像與潛意識效應

久久地盯著某個事物看，如果這個事物突然消失，你也許會覺得眼中似乎依然殘留了它的映像，這就是所謂的「殘像」，而潛意識效應就是利用殘像的作用來達到影響他人行為的目的。

▶ 視覺的時間差

殘像，又被稱作「視覺暫留」，籠統地說也可以歸入錯視一類。殘像之所以能夠形成，完全是由視覺形成的機制所決定。原來人在視物時，眼球會源源不絕地接收到外界的刺激資訊，使視覺神經一直保持興奮的狀態，並由視神經中樞接連不斷地將資訊轉化出視覺圖像。在這樣的狀態下，如果眼球突然輸入了其他資訊，視神經中樞還來不及處理，輸入和輸出之間就出現了一個短暫的時間差。而在潛意識驅動下，人會繼續保持先前的視覺認知，於是就形成了短暫的視覺暫留。

除此之外，在色彩領域還有一類殘像被稱作「負殘像」，它也被稱作「補色殘像」。我們可以做一個簡單的實驗：拿出一張紅色紙片，注視片刻，再把視線轉向白牆，是不是覺得白牆有一些青光？原來眼球接受紅光時，感受紅色的神經細胞變得活躍，抑制神經就開始發揮作用。後來即使視覺轉向，這種抑制作用也依然在持續，導致了感受青綠色（紅色的補色）的神經細胞的活躍。

▶ 不知不覺操縱對方的潛意識效應

何謂潛意識效應，它是指利用殘像的作用，在對方尚未覺察的時候，催動其潛在的潛意識，達到影響對方行動的目的。

一九五六年，美國紐澤西州一家電影院播放電影的過程時，在電影膠片的一幀裡插入了一則內容是「吃點爆米花，喝點可樂吧！」的文字廣告。因為放映中僅僅出現了短暫的一瞬，所以觀眾別說是理解廣告文字的意思，恐怕連看都沒看清楚。然而令人意想不到的事情發生了：當日，電影院販售的可樂銷量提高了兩成，爆米花銷量更是提高了五成，這就是一個成功運用潛意識效應的商業案例。

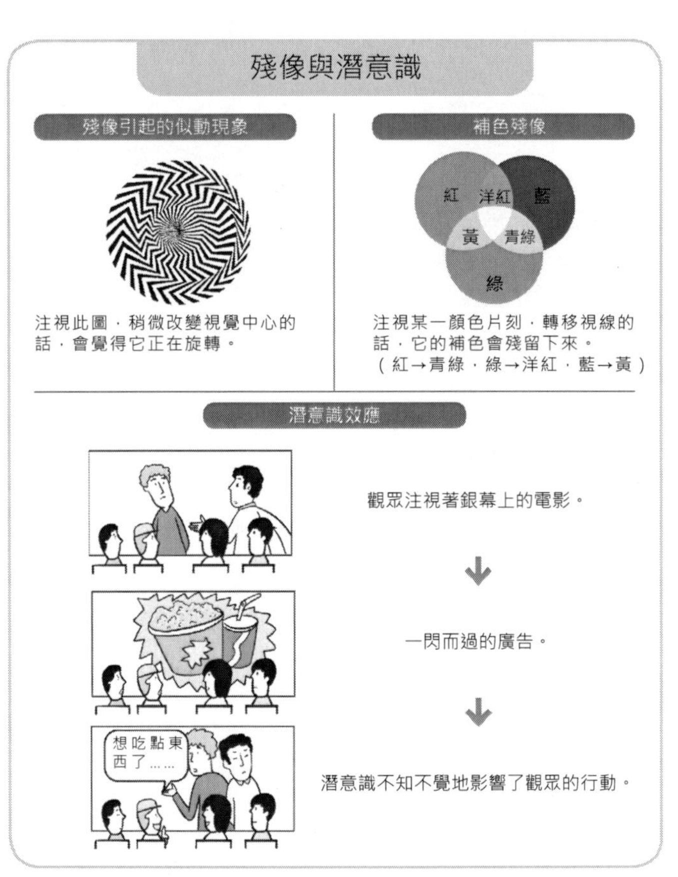

第 5 節　聆聽的心理學

除了視覺之外，五感中的聽覺同樣不容忽視，它是外界聲波作用於雙耳、使其感受細胞興奮並引起聽神經衝動，經各級聽覺中樞分析後引起的感覺。

▶ 聲音的屬性

聲音作為聽覺的外部刺激，它被普遍認為具有三個感覺特性：

1．音強：指聲音音量的大小，由聲波的物理振幅（振動的幅度）所定。它的單位為分貝，0 分貝即為正常聽覺下可覺察的最小音量。
2．音高：指聲音的高低，由聲波的頻率（每秒振動的次數）決定。它的單位為赫茲，普通人能夠覺察的音高範圍在二十到兩萬赫茲之間。
3．音色：指聲音的品質特徵。眾所皆知，由單一頻率的聲波構成的是純音，但現實生活中，絕大多數聲音是許多頻率與振幅的混合音，這些頻率和振幅以不同的方式複合就構成了不同的音色。音色使人能夠區分同一個音高的不同聲源，如童聲、女聲、鋼琴聲、小提琴聲表演同一個曲調，聽起來卻迴然不同。

▶ 聲音的力量

雖然聲音摸不到、看不到，但是由於它的物理特性，就注定了它一直都是和震動聯繫在一起。在文學作品中，我們經常可以看見諸如「震耳欲聾」、「人聲鼎沸」、「歡聲雷動」等形容用詞，它們都形象地說明了聲音擁有能夠震動一切的力量。從這個意義上講，聲音對肉體的影響極大。

不僅如此，聲音還能影響人的心理。聽覺中樞一旦將聲音處理成聽覺，人的整個心理系統都會或多或少地受到影響，從而表現出一種「同調」的現象。最簡單的例子就是音樂，這種和自然界的聲音截然不同的人造聲音，在創作時飽含了作曲家對世界的認知和當時的情緒。即便演出過程中，表演者並不是作曲家同樣的狀態，音樂也能夠將這些元素再次還原出來（再現），讓聽眾的心志和情緒都受到影響，甚至引發相似聯想。

▶ 音樂治癒術

作為藝術療法的分支，音樂療法又被稱為「音樂鑑賞療法」。它是一種治療者以音樂為方法，透過聲音的同調作用，使患者盡情地表達自我情緒，從而改變患者行為的治療辦法。

使用音樂治療的過程中，可以採用與患者精神狀態近似的音樂，也可以採用與患者精神狀態相反的音樂，但多數情況下，前者的效果可能更好一點。比如說，在失戀、落榜等情緒低落的場合，雖然聆聽節奏活潑的音樂，人會變得有精神，但是如果聆聽的是和情緒相稱的、充滿低落感的音樂，反而會引發患者的共鳴。當這些不良情緒被暢快淋漓地表現出來之後，患者的心靈就得到了淨化。

如前所述，人類聽得見的聲音頻率在二十到兩萬赫茲之間，低於二十赫茲的叫次聲波，高於兩萬赫茲的則被稱作超音波。在音樂治療中，除了聽得見的聲音之外，如果在音樂中混入多次反覆的次聲波和超音波，也能夠發揮消除患者自卑感的積極作用。

音樂療法的適用對象包括：自閉症、心身症、憂鬱症、情緒障礙、學習障礙、酒精依賴的患者，以及神經發育遲緩的兒童。近年來，音樂療法在失智症以及安寧照顧領域非常引人矚目，針對商務人士的減壓療效更是得到了公認。但是，如果患者病情嚴重，或缺乏自我意識，療效就會大打折扣了。

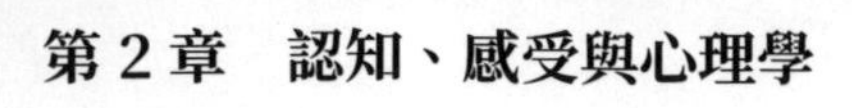

第 3 章

成長與心理學

第1節　搖籃到墳墓的心理旅程

用心理學的眼光研究人類的成長過程的心理學分支就是發展心理學。這種和成長緊密相連的心理學分支，將人類自母體內形成胚胎，直至離開人世的漫長一生稱作「生命全期（life-span）」。

▶ 生命全期觀點的確立

真正意義上用生命全期的觀點來審視人的一生，而不局限於某一個人生階段，還是一九七〇年代之後的事情。在那之前人類的平均壽命最多不過六十歲，所以當時的心理學界也普遍錯誤地認為：人類成年之後，人格的成長也會逐漸陷於停滯，直到離世也不會有什麼本質的變化。

然而，隨著人們生活、醫療水準的不斷提高，平均壽命也不斷延長，與之相應地是中老年的心理問題日益突出。心理學家們注意到了這一事實，不斷地在原有研究成果的基礎上補充，最終補完了人類生命全期的全過程，確立了涵蓋完整人生的生命全期發展論。

▶ 發展心理學的著名理論

德國心理學家巴爾特斯（P. Baltes）是生命全期發展論的倡導者，一九八七年，他在學術報告中，將人的生命全期論述為：持續地發展變化，結合不斷獲得（成長）和不斷喪失（衰退）的過程。也就是說，人的發展不僅僅是一個成長的過程，同時它也是一個衰退的過程。比如說，老年人隨著年齡的增加，認知發展也日益完善（智慧就是其最有代表性的產物），但同時體質和記憶力會逐漸減弱、每況愈下。

而同樣出生於德國的心理學家艾瑞克森（E. Erikson）則提出了著名的社會心理發展階段論（stages of psychosocial development）也是最具代表性的發展階段論。它把人畢生的心理發展劃分為八個階段，每一階段都有各自的特殊社會心理任務，且每一階段都有一個特殊矛盾，而是否能夠順利解決這個特殊矛盾引發的問題，是該階段人格健康發展的關鍵。

社會心理發展階段理論

階段	矛盾	任務	關係	正面結果
嬰兒期 出生～1歲	信任 VS 不信任	接受照料	母親	信任人與環境
幼兒前期 1～3歲	自主 VS 羞澀、懷疑	模仿	父母	自豪
幼兒後期 3～6歲	創造進取 VS 內疚	認同	親族	能發起活動並喜愛學習
兒童期 6～12歲	勤奮 VS 自卑	求知	學校 鄰居	獲得學習能力，體驗成就感
青春期 12～25歲	自我認同 VS 角色混淆	摸索	同輩群體	團體歸屬感強烈，開始計劃未來
成人前期 25～35歲	親密 VS 孤獨	關心	配偶 朋友 競爭者	組成密切關係，和他人分享
成人後期 35～65歲	繁殖 VS 停滯	創造	公司 社區 家庭	養育兒童或幫助下一代
老年期 65歲之後～死亡	自我完善 VS 失望	反省	人類	對一生感到滿意

第 2 節　嬰兒期

嬰兒時期是人類生命的最早階段，這一階段的發展活動不僅最豐富，也最有效率，對形成正常個性和心理機能有著極其重要的作用，差不多定下了人生命全期的基調。

▶ 人類都是早產兒

「人類都是早產兒」這一觀點最早源於瑞士動物學家波特曼（A. Portmann）的蹲巢者學說（Nesthocker）：哺乳類動物中，大腦發達、身體結構複雜的大型動物會產下和雙親的形態、舉止都相差無幾的幼崽；反之，大腦不發達、身體結構簡單的小型動物產下的幼崽則多半沒有成熟，顯得軟弱無力。

然而，作為大型哺乳動物，人類卻產下了生理上似乎很不成熟的後代。他們有嘴，卻不會說話；他們有四肢，卻沒辦法自由運動。然而，嬰兒的身體其實並沒有我們看到的那樣軟弱不堪，他們也擁有與生俱來的覓食、吸吮、握持等一百多種神經反射，與其他動物相比毫不遜色。原來，嬰兒的生理實際上相當成熟，他們之所以無法隨心所欲地靈活運動，最本質的原因恰恰是由於大腦功能不完善，以至於無法自由地移動身體各部分；反觀其他動物的幼崽，在出生後極短的時間內就能夠同雙親一起活動，是因為在胚胎階段就大腦就已發育完成。

沒錯，從生理上說嬰兒並不是早產的，早產的只是大腦！經研究發現，嬰兒的大腦僅僅是大腦發育的延續，和胚胎的大腦並沒有本質上的區別。你可以試著回憶一下嬰兒期的往事，是不是連模糊的片段都無跡可尋？這一時期你的記憶是空白的，就如同你無法有意識地回憶起胚胎期的經歷一樣。所以嬰兒在離開母體之後的一段時間裡（發展心理學界普遍認為是三年），大腦仍然在不斷發展，直至成熟。這也就決定了在這一時期，比起身體的發展，大腦的發展被本能地放在了優先地位。

▶ 嬰兒的普遍發展過程

人類自呱呱墜地的那一刻起，就開始了從中心到末端、從頭部向下部的成長旅程。比如說嬰兒出生之後，大腦神經系統會顯著發展，到六歲時大腦重量已經差不多和成年人相當。在這期間，嬰兒從撐起腦袋、翻身，到坐起、開始走路，都遵循了這樣的流程。

與身體的發展相應的是，嬰兒的情感、情緒等也在不斷完善。比如說，新生兒在出生時就會笑，但不管是睡覺的時候笑，還是吃飽的時候笑，其實都只是源於生理滿足的本能，即「生理性的笑」；然而出生三個月之後，嬰兒就能根據周圍的環境選擇性地露出笑容，這時的笑才是「社會性的笑」。之後，這種社會性的笑容會逐漸成為人際交往的要素之一。

▶ 嬰兒期隱藏著的無限可能性

以前人們曾經錯誤地認為，一個月大的嬰兒是看不見東西的；但到了今天，出生沒多久的嬰兒也擁有識別人臉的能力，這一事實已經得到了公認。

心理學家范茨（R. Fantz）做過這樣一個實驗：將出生五天之內的嬰兒和出生二到六個月的嬰兒分為兩組，在他們眼前出示人臉畫、同心圓、報紙、白紙、紅紙、黃紙共六種圖片，結果發現這兩組嬰兒注視人臉畫的時間都是最長的。也就是說，哪怕是剛剛出生的嬰兒，對人臉的關心程度也非常高。

美國邁阿密醫科大學的心理學小組也透過實驗發現，出生後三日內的嬰兒即擁有辨別幸福、悲傷、驚恐等表情的能力，並且能根據他人的表情模仿。所以他們必須能夠發現對方臉上運動的肌肉，再使自己臉上特定的肌肉運動。這充分地說明，嬰兒出生不久就已經擁有了知覺和運動能力。

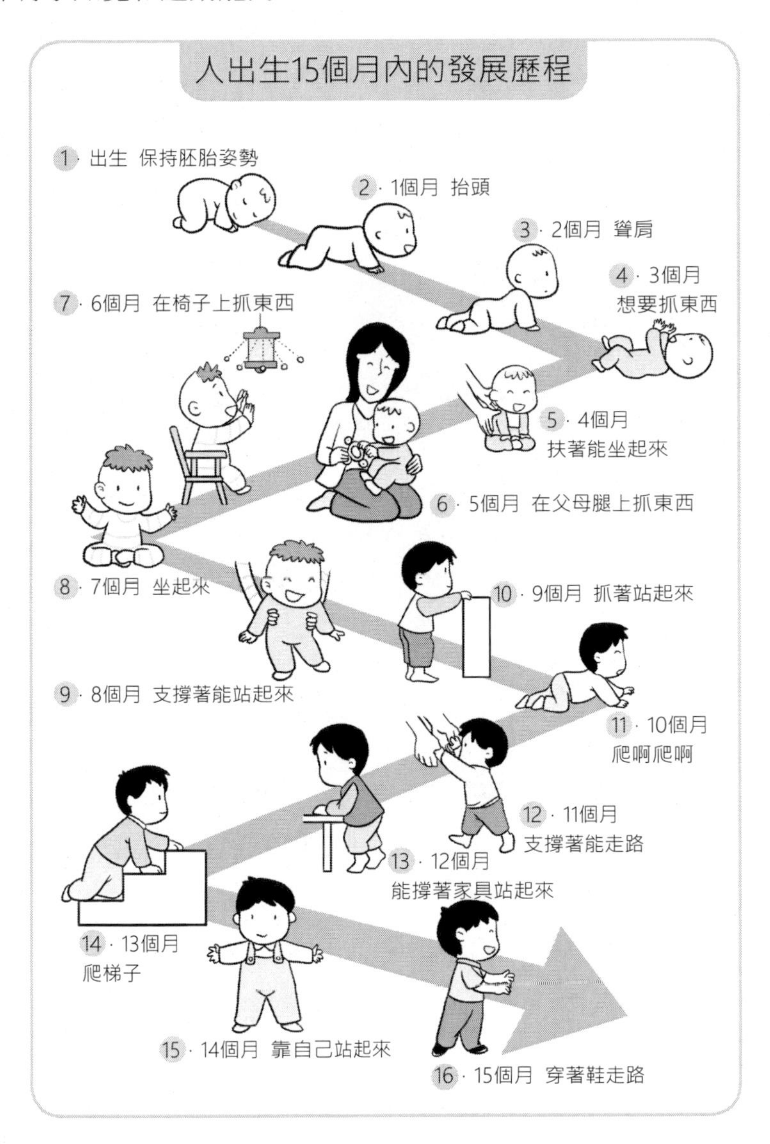

除此之外，嬰兒在與周圍環境的互動中，漸漸地形成了各自不同的人格，一般認為嬰兒有三種基本人格類型：反應穩定、情緒好的適應型；生理節奏不規則、反應強烈的不適應型；以及不適應環境、反應穩定而活動性低的溫馴型，父母則必須根據嬰兒的性格類型採取不同的教育法。

▶ 自我的確立

嬰兒出生之後，最早的人際關係是與母親一起建立。然而，在以後的發展中，嬰兒是如何從這種一對一的親子關係中掙脫出來，又是如何從周圍的環境中區別出自我存在的呢？匈牙利出生的心理學家馬勒（M. Mahler），在她的著作《嬰幼兒的心理誕生——母子共生和個體化》（The Psychological Birth of the Human Infant）一書中，對這些問題有詳盡的解釋。

馬勒認為嬰兒在出生數週的時間內存在「正常自閉期」，在這期間，嬰兒生活在與母親的一體感中，自己和母親的界限還處於混淆的懵懂狀態。直到出生後二到五個月，嬰兒的神經系統發展到了一定階段，他們才漸漸擁有了一些區別外界的能力。比如說，他們偶爾會注視牆上的母親照片和嬰兒床上掛著的小玩具，還經常把手放進嘴裡，都是這種能力的體現。不過他們對此並不敏感，甚至可以說是漠不關心，反而延續了與母親一體式的共同行動。這一時期被馬勒稱作「正常共存期」。出生五個月之後，嬰兒才開始一步步地從自己與母親的一體感中分離，並逐漸確立了以個人為中心的自我意識。

自我意識一般被認為是知覺、感情、意識的統一體，嬰兒自我意識的發生同樣表現為三方面的迅速成長，按表現形式的不同，馬勒將嬰兒自我意識的全過程分為了四個階段。

階段一，分化期（出生後五～十個月）：稍稍從母親的懷抱中或者膝蓋上離開再行動，還能用手觸摸母親的臉或是拉扯母親的耳朵，在嬰兒大腦中，「外界」這一概念已經成形並漸漸變得清晰。

階段二，練習期（出生後十～十六個月）：已經能夠行走，並對身邊的毛巾、毛毯或是各種玩具非常有興趣。雖然有時候似乎忘了母親的存在，但絕大多數的時候，嬰兒都是圍繞著母親這個中心活動的，此時母親之於嬰兒的作用被馬勒形象地比喻為了「安全基地」。

階段三，重新接近期（出生後十六～二十五個月）：雖然此時的幼兒已經逐漸適應了離開母親獨自活動，但是一旦離開母親便充滿了不安全感，所以又傾向於接近母親，如此反覆，最後找到與母親最合適的距離。

階段四，確立期（出生後二十五～三十六個月）：到三歲時，幼兒已經在大腦中確立了距離適度的母親印象，所以哪怕母親常常不在身邊，也不會感到不安。可以說，這時的幼兒已經擁有了獨立的自我意識。不僅如此，為了遵從成長必須的要求，幼兒會潛意識地約束、調節自己的行為，對於他們來說，確立期實際上也是一個自我控制的過程。

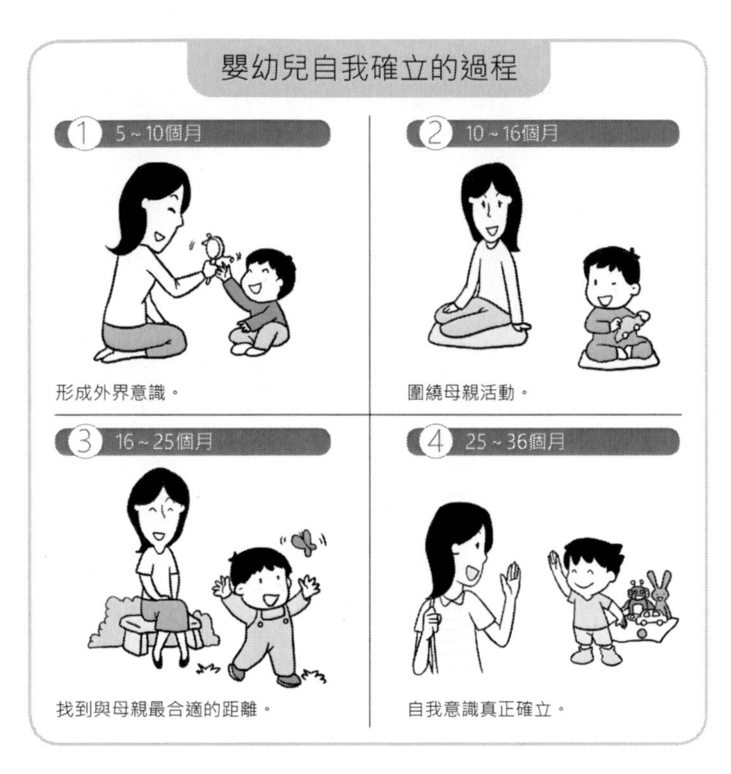

▶ 依戀，親子的紐帶

一個新生命降臨，就意味著一個新的親子關係的產生。要使嬰兒的心理能夠順利地發展，基於親子之愛的信賴關係是必不可少的。從出生到三週歲，嬰幼兒與父母構築的信賴關係——依戀，對人一生的發展是最為重要的。

「依戀」一詞最早是由英國兒科醫學家鮑比（J. Bowlby）在學術報告中提出，它是指尋求與某人保持親密關係，且當此人在身邊時會感覺安全的心理傾向，其本質是人類的社會屬性，而與人本身的內驅力無關。簡單地說，嬰幼兒並不只是因為父母可以提供食物、滿足自身食慾對父母產生依戀，而是基於交際傾向的影響。

鮑比仔細地研究了嬰幼兒與父母間依戀的形成過程，將這個過程分為了四個階段，按階段的不同，嬰幼兒對父母的依戀形式會有所變化。不僅如此，雖然嬰幼兒的依戀對象一般是父母，但也無法否認存在依戀其他人的情況。特別是在出生後三個月左右，嬰兒會表現出依戀許多不特定人的傾向。不過，這種親近大多數人的傾向在出生第六個月的時候差不多就會結束了，這時的嬰兒會突然變得怕生。

依戀理論不僅使人們越來越關注嬰幼兒的各種行為，還引發了對人類成長的全新審視。長久以來，人們將嬰幼兒的哭鬧、微笑、討要擁抱都當作情緒上的宣洩，到了現在，這些行為更常被理解為嬰幼兒出於對父母的依戀，而採取了吸引父母注意的行為。

然而並不是每一個嬰幼兒都擁有正常的依戀行為，一些父母也發現自己的孩子好幾個月大了卻不哭不鬧，簡直就像是「沉默的嬰兒」。其實這是由於親子之間缺乏接觸所造成的，嬰兒缺乏對父母的依戀，而處在一種「養育缺失」的狀態，自然缺乏正常的依戀行為。這時，親子之間應該增加交流，培養親子間的骨肉親情。

形成依戀的過程

根據鮑比的學說，依戀的形成分成四個階段。

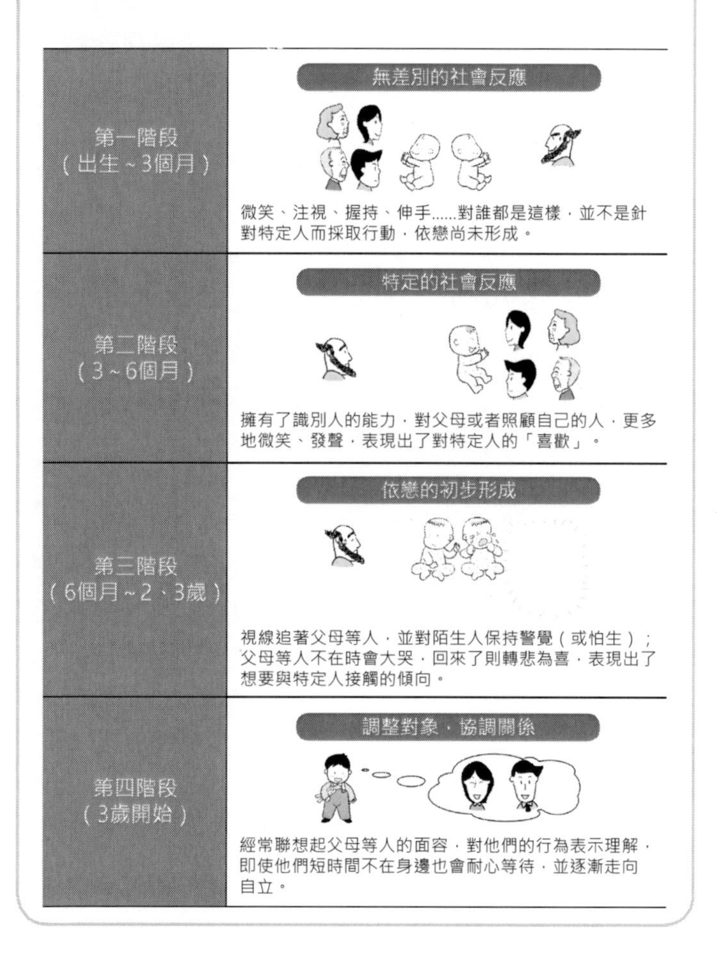

專欄 4　依戀的原動力 —— 銘印

剛剛破殼而出的小雞，向世界第一次睜開雙眼，出現在眼前的就是母雞的身影，小雞自然而然地就認定了母雞是自己的母親，從此便跟著牠形影不離。然而，如果小雞第一眼看到的是其他活動的物體，牠依然會立即追隨而去，而把真正的母親晾在一邊。

這個長期以來多少養雞人都視若無睹的有趣現象，卻引起了英國自然學家斯普拉丁（D. Spalding）的注意，他在自己的觀察日誌中做出了相當詳細的描述，可惜並沒有引起當時社會的熱烈反響。六十多年過去，直到一九三七年，奧地利生物學家勞倫茲（K. Lorenz）才以小鵝為對象重新展開研究。隨著研究的深入，勞倫茲驚喜地發現這種現象並不僅僅發生在雛鳥身上，而幾乎所有的哺乳動物、甚至在人類身上都會發生！

這就是著名的銘印現象（imprinting），勞倫茲透過許多實驗，證明了它是一種和普通的學習截然不同的生存本能：銘印是一次形成的，並且只限於在出生後一個特定的時間內，這個特定的時間被勞倫茲命名為「關鍵期（critical period）」。而不同動物的關鍵期是不一樣的，比如說狗為三到七週；貓為十到十五天；小鵝為十到二十小時；而人類的關鍵期最長，一般為出生到三週歲時。但不管是什麼動物，在關鍵期內產生的效果一經形成就不可逆轉，而不像學習那樣容易遺忘。

發展心理學界從銘印現象得到啟發，以大量的實驗結果為依託，提出了這樣一個大膽的理論：如果嬰兒對最初接觸的東西或事物產生如此持久而強烈的印象，那麼必然會本能地對關鍵期常常接觸的人產生依戀！

從某種意義上說，銘印現象確實是引發依戀的原動力。在銘印的關鍵期，正是由於父母（或是其他照顧嬰兒的人）的關愛和看護，才使得嬰兒保存了對他們的深刻印象，從而產生了依戀。因此在日常生活中，我們經常可以看到這樣的事實：孩子小時候由誰帶大，長大以後便跟誰親近。很多兒科醫師都勸告產婦在孩子剛出生之後，不要馬上將他抱到育嬰室，而應該緊緊抱住他，以此來深化嬰兒對母親的依戀。

嬰兒期的依戀，被認為是終生人際交往的基礎，重要性不言而喻。但由於銘印發生在生命誕生的最初時期，如果沒有科學對待，就會對孩子今後的發展造成難以彌補的損失。但由於現代社會的工作壓力，一些父母無法在關鍵期內照顧自己的寶寶，而錯過了跟孩子建立依戀關係的時機，直接導致孩子長大後與父母的感情疏遠。

銘印形成依戀

第3節　幼兒期

嬰兒滿週歲後，就迎來了人生的第二個時期 —— 幼兒期。與嬰兒期的動物本能相比，幼兒期的發展特點是認知、情緒以及想像力的迅速升級，家庭教育的意義也逐漸清晰起來。

► 認知，從本能開始

人最早的認知是反射行為，嬰兒能抓住母親的乳房吸吮乳汁就是最好的例子，這些剛剛出生不久的小生命正是依靠這樣的本能對外界環境做出反應。出生後四到八個月時，嬰兒開始注意到一些類似「搖撥浪鼓會咚咚作響」的簡單行為結果；到了八到十二個月時，嬰兒又學會了「一隻手按住麵包，另一隻手將它撕成小塊」等兩手合作的簡單動作。

發展到幼兒期之後，幼兒已經基本上能夠以自己的立場來思考問題。例如，指著哥哥詢問小孩：「他是你的什麼啊？」一般都能得到「哥哥」的正確回答。但如果繼續詢問：「你是哥哥的什麼啊？」卻少有幼兒答得上來，這充分地說明了此時幼兒的思考是以自我為中心。這種自我中心的視角，還表現在幼兒會把一些無生命的事物當成自己一樣的有生命體來對待，比如說喜歡隨身攜帶毛絨玩具的孩子，就常常認為玩具像自己一樣有喜怒哀樂。

當然，認知的發展在度過幼兒期之後依然會不斷發展，從整理、理解複雜的關係到思考假設的事物、建立抽象的概念，直到成年才最終發展完善。

▶ 兩週歲前的急速情緒發展

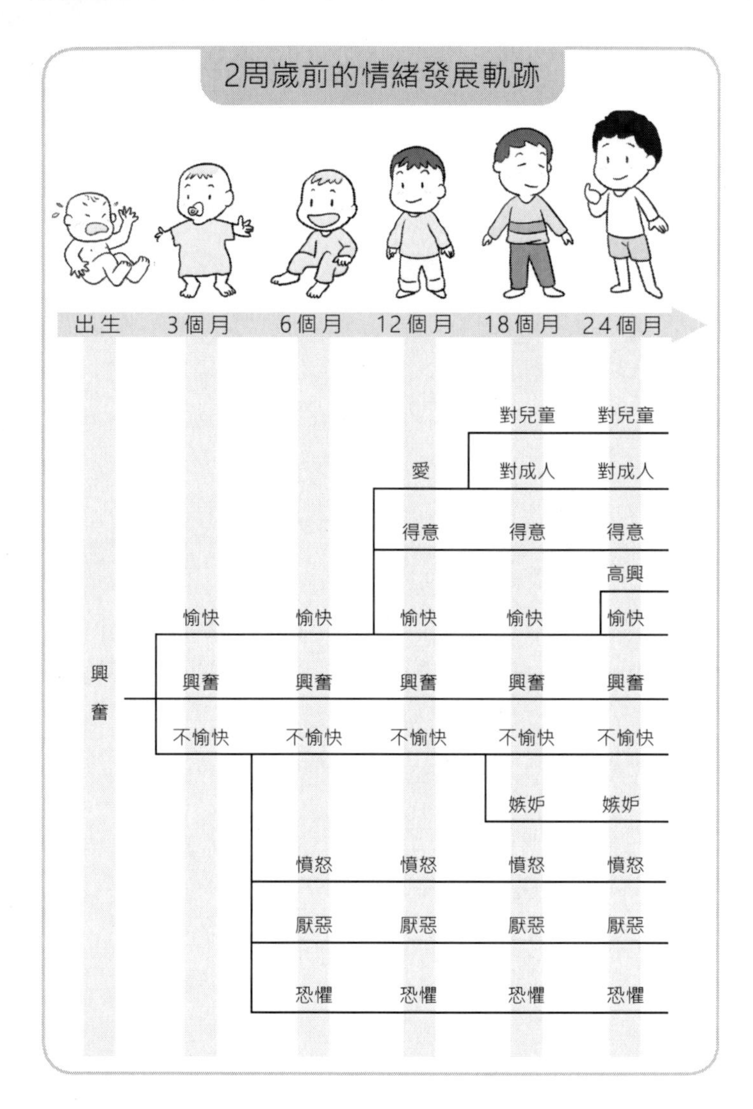

雖然對嬰幼兒來說，情緒主要是與生理需求相適應的感情體驗，比如說餓了會哭，吃飽了會笑。但在出生到兩週歲這一段時間

裡，嬰幼兒情緒的發展其實是相當大的，隨著喜悅、悲傷、驚慌、恐懼、憤怒、憂慮等情緒不斷湧現，嬰幼兒的表情會變得越來越豐富。到後來，這些積極或是消極的情緒交織在一起，會變得越來越有針對性，表現管道也從面部表情升級到身體行為，情緒越是強烈，動作的表現也越強烈。

▶ 想像力，在玩耍中成長

生活中我們不難發現，由於沒有限制，幼兒期的想像力異常活躍大膽，有時甚至讓成年人也自愧不如。這是因為在人的生命全期歷程中，幼兒期是想像力發展的最佳時期。此時幼兒雖然還不具備對真實世界的完整認知，但是憑藉自身既有的知識經驗，依然能夠創造出只屬於他們的想像世界。

在幼兒想像力爆發式發展的過程中，幼兒最主要的活動——玩耍，扮演了極其重要的作用。其中，對幼兒想像力影響最大的要算角色扮演式遊戲（也被稱作象徵式遊戲或任務式遊戲）。很受幼兒歡迎的「扮家家酒」就是最有代表性的角色扮演遊戲之一。

幼兒期的孩子已經在嬰兒期形成對父母的依戀，想要早日長大、變得像父母一樣的願望越來越強烈，但是他們卻並不具備成人的生活、思考能力。為了填補這一道現實和理想的鴻溝，最合適的辦法就是角色扮演遊戲。

以研究兒童智力聞名於世的瑞士心理學家皮亞傑（J. Piaget），根據玩耍過程中的心理變化，將兒童玩耍的發展過程分成了三個階段：

階段一，本能式玩耍（出生到兩歲）：晃晃腦袋、擺擺手，不帶有明確目的性的玩耍。嬰幼兒在睡覺的時候，會去抓出現在眼前的細繩或者去搖身旁的飾物，都是本能式的玩耍。這種類型的玩耍不僅僅存在於嬰幼兒期，還會延續到人的一生。比如說，剛買新車的成年人，總是迫不及待地開車兜風，確認自身對於新車的駕馭能力後興奮喜悅的樣子，也可以視作本能式玩耍的一種。

階段二，象徵式玩耍（兩到七歲）：基本上是一個人玩，即使兩個人一起玩的話也多半是各玩各的。「扮家家酒」就屬於象徵式玩耍的範疇，幼兒將玩具當做有生命的存在，讓它「吃飯」，帶它「玩耍」，睡覺時也會把它放在旁邊。

階段三，規則式玩耍（七到十二歲）：和前兩個階段主要是單個人為主體的玩耍不同，這一階段的玩耍必須需要兩人以上才能進行，每個人各司其責，是一種規則化的象徵式玩耍，像大家熟知的躲貓貓就屬於此類。

對幼兒來講，玩耍是一種非常重要的學習，在玩耍的過程中，想像力不斷發展，相應地創造力也會不斷加強。雖然幼兒早期的想像總是使他們將現實混淆，但這種自由聯想經過與現實認知的反覆補充，會越來越趨於合理。漸漸地想像不再局限於單一的聯想，而是帶有一定的情節，具有情景性。愛因斯坦曾經說過「想像力遠比知識更重要」，下次你的孩子再邀你一起與他玩情景遊戲，請不要拒絕他。

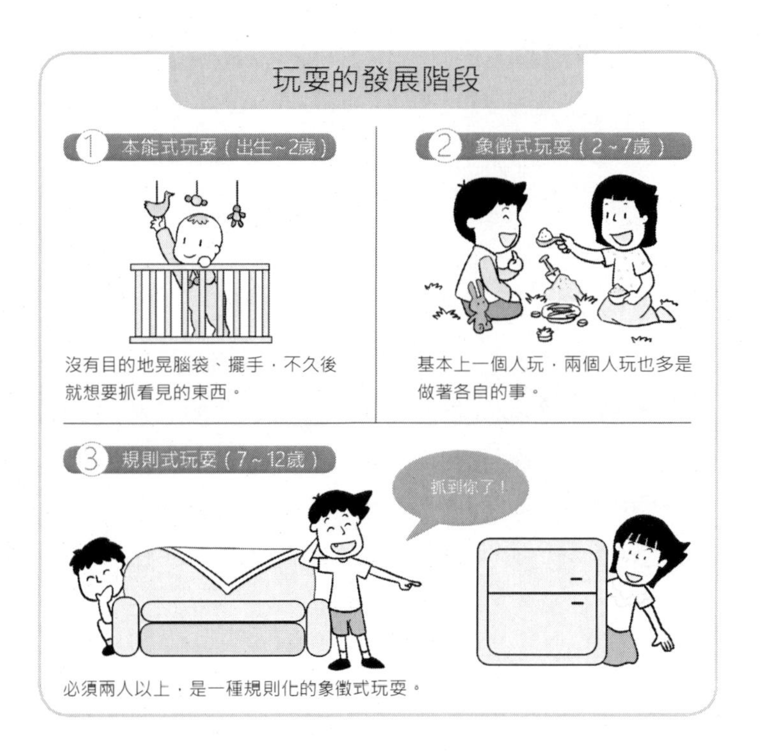

專欄 5　智商

智力的英文是 Intelligence，源自拉丁語的 Intelligentia，除了「知覺」的意思之外還包含有「理解」的意思，一般把它視作三種能力的統一：思考能力、學習能力、環境適應力。

▶ 智商高等於腦袋好嗎

二十世紀初，世界第一個測定智力的方法在法國製成。之後，美國心理學家特曼（l. Terman）在此基礎上反覆修改，誕生了史丹佛－比奈智力量表（Stanford-Binet Intelligence Scale），並作

為標準智力測試被沿用至今。

智力測試的高低通常用智力商數（Intelligence Quotient，簡稱 IQ）來表示，具體操作的辦法是：用測試得出的「精神年齡」（MA）與「生活年齡」（CA，即做測試時的實際年齡）之比，再乘以 100 後得來的。比如說，五週歲（六十個月）的幼兒接受智商測試，得到了精神年齡為五歲（六十個月）的結果，那麼這個孩子的智商就是（60÷60）×100 等於 100。100 這個數值被認為是智商的平均值，大約三分之二的人在 85 ～ 115 之間。當然，超過 130 的天才和低於 69 的弱智也是存在的。

然而，智商的構成是非常複雜的，由多種可變因素決定，不能單純地和腦袋好不好劃上等號。更何況在人的一生中，智商並非恆定不變，幼兒時智商高者，成年之後也許智商並不高，這也是一個值得注意的問題。

▶ 智商可以遺傳嗎

蘇家三父子 —— 蘇洵、蘇軾、蘇轍三人都躋身唐宋八大家之列；大仲馬和小仲馬父子都是著名的作家……雖然這樣的「天才一家親」例子很多，智力是否可以遺傳的課題也一直爭論不休，但直到今天，絕大多數的心理學家還是認為智力不會遺傳，反而多是後天影響。比如說，出身在書香門第的孩子，自然要比與書籍無緣的孩子在文學上的「天分」高得多，能夠激發興趣和發揮才能的環境才是智商發展最重要的因素。

▶ 智商 VS 情商

智商和情商（Emotional Quotient，簡稱 EQ），都是人的重

要素養，但本質卻截然不同，智商是智力的反映，而情商展現的則是人各種心理活動的能力。

智商VS情商

智商	五大能力構成	觀察力	透過對事物的觀察獲得新的認知
		注意力	將心理活動指向和集中於某種事物
		記憶力	保持、再認識和重現對客觀事物的認知和人生經驗
		思維力	對客觀事物間接的、總結性的思考
		想像力	在既有認知的基礎上，透過記憶網路聯想或創造新認知
	智商具體可以指人們認識客觀事物並運用知識解決實際問題的能力，近來主要被用於檢測智力發育情況		
情商	五大能力構成	自我認識	認識並重視自己的心情，執行自我決斷
		自我認知	抑制衝動，控制因壓力引發的感情
		動機	制定目標，並朝著目標不斷努力向前
		同理能力	敏感地讀取他人的情緒，容易與人共鳴
		社交技巧	在各式各樣的社會團體中，與其他團體成員協調、合作
	情商的概念於一九九〇年由兩位美國心理學家提出，並在五年後由同是美國心理學家的高爾曼（D. Goleman）的名著《情商》（EQ）普及。它主要是指人情感體驗、情緒管理、承受挫折、人際交往等方面的能力		

專欄6　教育的本質

對每一個幼兒來說，在成長的過程中，教育絕對稱得上是「心靈的營養劑」，幼兒智商和情商要順利發展，都離不開教育的推進。雖然大多數父母都知道教育的重要性，但卻常常誤解了教育的本質——促進孩子的正面模仿。

▶ 教育態度對幼兒的影響

教育態度是指父母（或其他監護人）教育幼兒時採取的態度或行為，雖然表面上看只是父母對子女，但如果把它誤認為是單方面的行為可就大錯特錯了。在教育過程中，孩子和父母之間是互動的，在這種互動的基礎上，雙方之間構成了事實上的人際關係。這種人際關係對幼兒個性的形成，人際交往能力乃至社會適應力都有著巨大的影響，其模式可謂社交的基石。

比如說，過分溺愛孩子會導致孩子形成驕縱任性、略微神經質的性格；而過分管教、過度保護則會造成孩子膽小怕事、依賴性強。

▶ 最近的「老師」

社會學習理論的創始人、美國心理學家班杜拉（A. Bandura）曾經提出了這樣一個有意思的觀點：幼兒不會樂意做大人要他們做的事，反而會模仿大人正在做的事。

即使沒有人管教孩子，孩子也會觀察周圍的人，並加以模仿學習，即所謂的「模型化」。而對孩子來說，父母就是身邊最近的人，所以也是孩子最近的老師。其實在很小的時候，幼兒懷著對父母強烈的依戀，就會本能地感覺到父母的不同行為模式，透過對這種性別行為模式的模仿學習，最終確立起自己的性別氣質。

「模型化」最典型的例子就是幼兒在玩扮家家酒遊戲時，女孩會學著母親的樣子「煮飯」，男孩則會學著父親的樣子對女孩說「來瓶啤酒」。雖然這不過是孩子們對父母日常行為的模仿，但一招一式簡直與實際生活中的父母一般無二。

▶ 言教不如身教

孔子在《論語· 子路》中說「其身正，不令而行；其身不正，雖令不從」，這充分地說明了身教的意義。身教之所以比言教重要，是因為身教多靠視覺，自然比依靠聽覺的言教直觀得多，也更容易理解。

但言教多於身教的情況，在家長對幼兒的日常教育中卻非常常見，家長將連自己也做不到的要求加諸孩子身上，久而久之會形成一種矛盾教育，很容易導致幼兒罹患解離性身分疾患（舊稱多重人格障礙），甚至無法建立正確的人生觀。

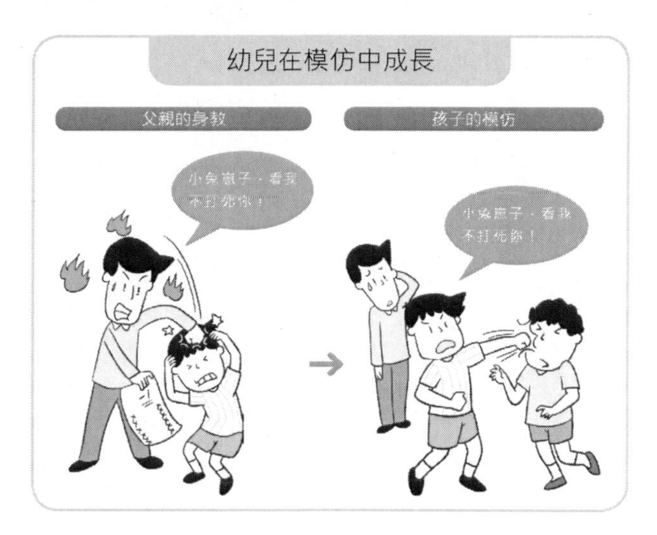

第 4 節　兒童期

在人生命全期的軌跡中，六到十二週歲被稱為兒童期，同時這也是就讀小學的年齡。兒童在入學之後，其社會性交往對象發生了

很大的變化，開始形成同伴團體的人際交往模式，所以這一階段又被稱作「幫團年齡（gang age）」。

▶ 培養社會性的「小圈子」

隨著年齡增長，兒童對父母的依戀、父母對兒童的控制性都在不斷減弱，兒童越來越善於自己做決定。另一方面，兒童與同伴的交往時間則明顯增多，以前一個人玩的孩子會傾向於與合得來的同伴組成「小圈子」，這個圈子有自己的暗號、祕密基地，甚至還包括偶爾發生的「幫團對決」。

小圈子是社會性發展的第一步，在這種團體式活動的過程中，兒童學習待人接物的辦法，協調集體內部關係。漸漸地，他們能夠更準確理解他人的動機和目的，更準確回饋他人，同伴間的交流也變得更加有效。

▶ 道德觀念的萌芽

在社會性發展的同時，由社會性催生的法則——道德觀念也不斷在兒童心中生根發芽，可以說這一階段奠定了人一生的道德基準。

七歲之前的兒童還沒有明辨是非的能力，只能單純地將父母的判斷作為善惡評判的絕對基準。然而在小圈子活動中，兒童必須學會遵照同伴團體的標準守則來約束自己的行為，變得更善於利用各種資訊來決定自己對他人採取的行動。到了九歲左右，兒童已經能夠理解因對象、場合、時間的不同而變化的道德法則了，不僅如此，他們長久以來以自我為中心的思考模式也開始轉變，其他同伴的立場也成為判斷的要素之一。

十一歲時，兒童已經初步形成了系統性的理解能力，但是抽象的事物在頭腦中自由組合的能力，要到十二歲之後才能形成。所以在此之前，兒童基本上不能直接從抽象概念的層面去分析道德，而只能以具體的行為表現為依據去認識別人的品行如何。

▶ 遠去的幫團活動

幫團年齡的兒童很容易交到好朋友，朋友間也很容易產生矛盾。總的來說，小圈子同伴間的關係為兒童掌握社交技巧提供了機會，同時也使兒童得以脫離對父母的過分依賴而走向心理獨立。

遺憾的是，隨著都市化、課業日益繁重，兒童接觸到同伴的機會越來越少，而越來越多的娛樂方式（比如說電子遊戲）也使兒童獨自活動的情況增加，這些社會變革的產物都給兒童正常的人生發展投下了陰影。

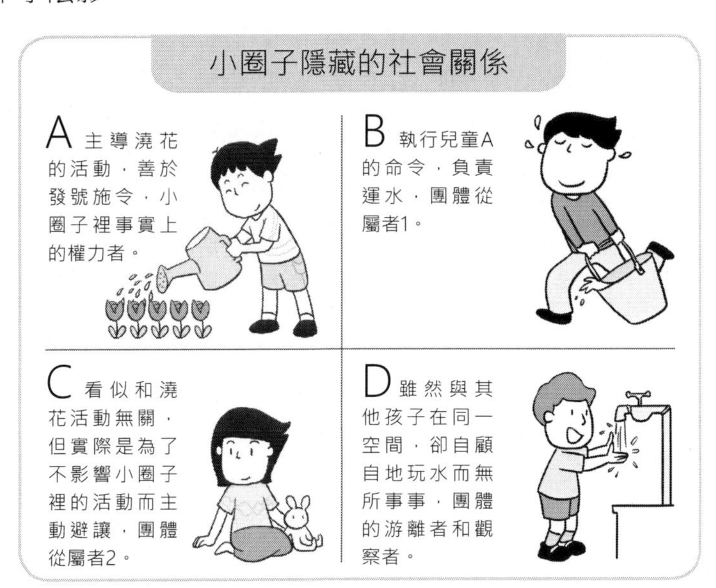

專欄 7　動機與行動

在心理學上，動機是指引起個體活動，維持並促使活動朝向某一目標進行的動力，我們平時所說的「鬥志」就屬於動機的範疇。動機本身不是行為活動，而是構成行為活動的原因。

▶ 鬥志是從什麼地方冒出來的

明明就要考試了，不愛念書的孩子照樣我行我素，媽媽生氣了，罵道：「就只知道玩，快去念書！」孩子這才悻悻然坐在書桌前……相信這是生活中很常見的情景。然而沒過多久，孩子很可能就又把書本丟在一邊了，先前做做念書的樣子不過是為了使家長安心，而不是真正的鬥志。

原來，動機是內外有別的，刺激人自身的興趣而引起行動的動機被稱為「內在動機」；而根據他人或環境的賞罰獎懲來限定自身行為的動機被稱為「外在動機」。外在動機雖然能發揮一時之效，但反而會降低人的內在動機，所以無法持續促使人行動。比如說，較之喜歡畫畫的兒童，為了獎勵而畫畫的兒童明顯更容易感覺疲勞，且在沒有獎勵的情況下，畫畫的次數要少很多。所以，鬥志從來都不是外力導致的結果，而恰恰是源自自身內部。

▶ 習得無助

美國心理學家賽里格曼（M. Seligman）曾提出了這樣一個概念：當基於某種狀況反覆體驗失敗，不管自身如何努力也難以避免失敗，而導致自身對行為結果感到無法控制、無能為力的心理狀態，即所謂的「習得無助（learned helplessness）」。

這個概念來自於賽里格曼的一個著名實驗：對籠子裡的狗電擊一段時間，無論狗如何掙扎也無法逃走。結果再電擊時，狗會放棄逃避，只是坐著不動，換句話說，狗已經喪失了逃避的動機。對不適合應試教育的孩子來說，很有可能拼盡全力也難以取得優異的成績，如果父母一味責怪，孩子必將陷入這樣的無力感中，想要學習的內在動機也會漸漸消失。家長需要明白，成績和成功之間並沒有必然聯繫，所以請不要吝於給予他們掌聲。

▶ 期望效應的妙用

在現實生活中，我們常常注意到一個有趣的事實：越是被寄予期望的孩子，成績的表現就越是出眾，這就是所謂的期望效應，其本質是心理暗示。

人的潛意識會接受自己喜歡或崇拜的人的暗示，而使自身的情感和觀念受到影響。對孩子寄予期望的家長或教師就扮演了皮格馬利翁的角色，透過不斷對孩子進行心理暗示，達到刺激孩子內在動機的目的，使他們不知不覺更加努力讀書，結果就取得了「期望成真」的效果。

期望效應

期望效應又稱「皮格馬利翁效應（Pygomalion effect）」，它源自一則著名的神話故事：古希臘時代，賽普勒斯國王皮格馬利翁非常喜愛雕塑。某日，他成功塑造了一尊美女雕塑，愛不釋手，每天深情地注視著它。沒想到看著看著，雕塑竟然真的變成了活人！

專欄 8　發展的挫折

人生道路中難免遭遇挫折，而我們把發展過程中的挫折統稱為「發展障礙」，通常少年兒童是發展障礙最高發的群體。

▶ 過動症

在低年級的教室裡，常常會出現無論教師如何訓斥，總有些學生會不停地晃動桌椅或大聲說話，這種無法自我控制的學生，很可能患有過動症。

過動症是注意力不足過動症的簡稱（ADHD），主要特徵是注意力不集中、過動和衝動，因此很難遵守行為準則。雖然在歷史上很長一段時間都誤把它的發病歸因於大腦額葉，但現在一般認為它是小腦發育不良或活躍性低所帶來的惡果。除此之外，大腦分泌物——多巴胺，也被證實和過動症的發病有密切聯繫。注意力不集中的人，其大腦往往無法在低度刺激的環境下正常地分泌和吸收多巴胺。舉一個簡單的例子，熱衷玩遊戲的兒童，由於大腦長期暴露在高度刺激的遊戲環境中，一旦環境的刺激性降低，比如要他們拿起課本，多巴胺的分泌就很困難，從而導致精神渙散，無法集中注意力讀書。

▶ 學習障礙

學習是大腦的一個重要機能，學習障礙（LD）是一種學習技能的發育障礙。一個學生的智商測試明明沒有任何問題，也沒有任何情緒困擾，但不管是聽、說、讀、寫，還是推理計算都十分困難，便是學習障礙的主要症狀。

患有學習障礙的學生並非呆傻或愚笨，而是中樞神經系統功能失常，使獲得與學習有關技能的正常方式受損。在嬰幼兒時期，因為學習的機會少，所以父母也很難注意到，入學之後到了真正的學習階段，挫折便會接踵而至。引起學習障礙的認知缺陷有很多，要根據不同類型的學習障礙制定個別化的教育方案，才能提高孩子的學習能力。

▶ 發展性協調障礙

獲取和使用運動技能，是反映兒童發育狀況的要素之一，而對天生缺乏運動能力的兒童卻並不鮮見，他們都不同程度地患有發展性協調障礙（DCD）。我們這裡講的發展性協調障礙是單指發展方面，它是由於大腦天生的缺陷（中樞神經系統某些部分有損傷），

而導致患者在精細或粗略運動時無法協調的病症。美國精神病聯合學會調查顯示，約 5% 左右的兒童存在此方面的缺陷。

另外，發展性協調障礙還可能引發肥胖症。二〇一〇年，加拿大研究人員在調查七十五所學校的在校生後發現，發展性協調障礙患兒超重的可能性，比正常兒童高三倍。

▶ 認知障礙

認知障礙是指因為精神發展滯後，致使兒童（或成人）認知能力低下，小到身邊事的處理，大到適應社會生活都出現種種不適。認知障礙的表現形式多種多樣，我們常說的痴呆症就是一種嚴重的認知障礙。

認知障礙一般認為是由家族性（遺傳）、病理性、心理或社會性的原因導致的心理疾病，但由於大腦的功能複雜，且不同類型的認知障礙常常又互相關聯，使它成為最難診斷和治療的腦疾之一。

▶ 自閉症

自閉症的全稱是泛自閉症障礙症候群（ASD），它也是一種由於中樞神經先天受損而導致的疾病，基本上在嬰幼兒時期已發病，到三到五歲時就已經表現得非常明顯，且越小的孩子症狀越明顯。

自閉症主要表現在三個方面：①社會功能損害。對他人缺乏關心，總是獨自玩耍；②交際功能損害。不能應用已掌握的語言技能，缺乏社交情感的相互性交流；③想像力損害。基於想像力的行為表現異常，如拒絕特定的事情、不擅長象徵式遊戲，有時候甚至出現手足搖晃。

第 5 節　青春期

「豆蔻年華」、「花樣時節」、「青蔥歲月」……世上所有美好浪漫的詞彙也無法形容的青春期，大概算得上是人生最美好的一段旅程。在經歷了幼年千辛萬苦的發展之後，我們的人生終於迎來了即將破繭成蝶的時刻。

▶ 自立，認同的確立

邁入青春期之後，人的身體開始急速發育，出現了第二性徵：男孩子開始變聲，產生精液；女孩的乳房開始變大，有了初潮。身體的過渡也直接影響到心理上的變化，人的自我意識也在急劇提高，人格的獨立性上升到了一個空前的階段，心理學上把這一過程稱作「自我認同（ego identity）」。

認同的概念，最早由艾瑞克森提出，也可以被譯作「同一性」、「主體性」等。想要證明「我是誰」、「你為何是你」等問題的心理活動就是認同，它包括自我和社會兩個方面。

青春期之前，兒童無論從身體上還是心理上都無法擺脫對父母的依賴，而到了十二歲之後，所謂的「心理斷奶期」就來到了，從瞭解自我開始逐漸斬斷對父母的心理依賴，在這個過程中，也意識到自身與社會的關係，在明確了自身的社會定位之後，認同才最終得以確立。

▶ 心理社會性未定的「成年小孩」

「未定」（moratorium）本是一個意為延期償付、迴避危機的經濟學術語，但艾瑞克森卻給它賦予了心理學的意義。它是指年輕

人達到成年期之後，因價值觀缺乏社會義務感，遲遲不願承擔社會責任的心理問題。

究其緣由，艾瑞克森是這樣分析：整個社會在走向富裕之後，父母就為孩子創造了優越的生活條件，孩子在成長過程中，不經過努力就能夠獲得豐富的物質；而一旦成年，則必須承擔起生活重擔，不僅需要努力工作，還要承受各種壓力。換句話說，成年就意味著增添許多辛苦，所得卻未必增加，於是這些社會新鮮人的潛意識裡就對其產生了強烈的牴觸心理。

事實上，心理社會性未定的本質，是青年在確立認同的階段，出於對預想中即將到來的失敗和挫折的心理防禦，導致了確立認同失敗。因此青年不願承擔角色轉換後的責任，於是不願長大，不再渴望成人。這種心理在行為上的具體表現有：熱衷旅遊或深造，拒絕工作；不願成家，或不願生養下一代；言行舉止小於實際年齡，思想幼稚，推卸責任；有自閉傾向，不愛出門，愛好虛擬物等。目前全球由於就業、生活壓力等一系列問題，這種成長未定已經普遍出現在了二十歲左右的年輕人身上。

專欄 9　不可或缺的叛逆期

縱觀人的一生發展，因為獨立意識的覺醒，會先後發生兩次出現反抗心理和行為的時期，即所謂的「叛逆期」。雖然在父母看來，這兩段時期的孩子非常棘手，很難對付，但從發展心理學的角度來說，它們恰恰是人生不可或缺的寶貴的成長階段。

▶ 第一次叛逆期是正常發育的證明

人第一次意識到自我是在三週歲的時候，但並非是透過和誰比較的方式來認識自己，此時的自我尚處於極端自我中心的階段。這一階段幼兒的行為多半是出於實現自我慾望的目的，所以被父母訓斥、警告的情況很多，由此引發的親子矛盾便造就了第一次叛逆期。

不讓孩子爬高偏要爬高、不讓孩子踩水偏要踩水，動不動就把碎紙弄得到處都是……處於第一次叛逆期的「混世魔王」並不討人喜歡。他們希望透過自己對大人命令的否定，來強調自己的存在，所以不太可能聽從家長的勸告，挨打時被按住了甚至也會掙扎反抗。不過，這恰恰是心理正常發育的證明，意味著孩子向著堅強意志的形成邁出了堅實的一步。如果這時候孩子反抗意識薄弱，絲毫沒有表現出特別的反抗行為，往往會在進入六歲的兒童期之後，趨

向於形成軟弱和優柔寡斷的人格。

▶ 第二次叛逆期將獲得成人的「資格」

歲月如梭，光陰荏苒，在平穩度過兒童期之後，人就進入青春期的階段，此時，獨立性傾向再一次強烈地表現出來，於是人又迎來了第二次叛逆期。

第二次叛逆期的時間範圍幾乎和青春期是重合的，也就是說，人在青春期的發展過程，實際上也是一個不斷反抗的過程。這個時候的青年嚮往自主、獨立，總覺得對父母的順從是一種壓力和束縛，所以常常會有反抗的行為表示。特別是在這一階段的早期，作為兒童期合理思考與社會性發展的對立，很容易形成對一切都抱有否定、破壞的態度，即所謂的拒絕症（negativism）。

由於身體上和心理上的飛躍，父母已經不能完全滿足他們內心的慾望，所以他們更樂意在同齡人中選擇知心朋友。和父母發生意見分歧時，或是遇到生活難題時，他們往往覺得朋友更瞭解自己，而願意聽取朋友的意見。這種傾向的結果是，人際關係從家庭拓展到了社會，社會性交往也變得更加成熟。

一般認為，人格獨立、經濟獨立、生活自理是成人的三大基本條件，第二次叛逆期後，大多數人基本上就完成了人格獨立。參加工作後，經濟獨立和生活自理也隨之完成，這樣我們就真正跨過成人的門檻了！

自我意識的萌芽。　　人格的最終獨立。

第 6 節　成人期

青澀感漸漸褪去，悸動的情懷也已成回憶，此時，我們就進入了生命全期的成人期。成人期的一大特點是發展平穩，不像幼兒期、青春期或是老年期那般顯著劇烈，但在平靜的表象下卻隱藏著深刻的危機。

▶ 人生正午的發展課題

著名心理學家榮格曾把成人期形象地比作「正午的太陽」，這不僅是指人此時的發展如日中天，同樣也暗喻人生即將進入下降的軌道。到了這一階段，人的體能會先達到最高峰，一般認為三十歲是人各項生命指標的頂點，超過這個歲數之後就會緩慢下降。

基於體能變化的趨勢，美國心理學家哈維格斯特（R. Havighurst）在其著名的發展課題論中，將成人期大致劃分為兩個階段：成年前期（十八到三十五歲）和成年後期（三十六到六十五歲），並分別擔負著不同的發展主題。在成年前期，主要是以圍繞結婚、生子等家族關係為核心，過上幸福美滿的家庭生活是最重要的要務；在成年後期，就必須設法讓自己的人生變得充實，比如說承擔起相應的社會義務，關愛不再年輕的伴侶和父母，幫助孩子順利走向社會等，從而達到滿足和安定的心理狀態。

不過令人擔憂的是，到了成人期這一階段，心理多樣化和個體化等傾向會漸漸突顯。特別是社會變化節奏越來越快，晚婚或不婚、頂客家庭、自由職業者的比例越來越高，用單一、標準化的框架來規束整個成人階段變得非常困難。

▶ 全面來襲的中年危機

進入成人期這一階段，特別是到了成年後期，人生發展就迎來了全新的課題，前半生獲得的認知、經驗，乃至培養的意志和思考力都迎來了最終的考驗。成年後期就是我們常說的「中年期」，雖然它被公認為一生中最充實的時期，但是相對地，它同時也是各種危機層出不窮的時期。

由於之前漫長的社會體驗，理想經過了現實的洗禮，中年人經常會產生成功不足的幻滅感和失落感。社會進步帶來的快節奏生活，也使中年人必須直面自身學識能力的陳腐化，日益複雜化的職場更迫使他們不得不與新生的力量直接競爭。另一方面，在家庭生活中，中年人所承擔的家庭任務越來越重，要協調好與子女、配偶、父母三種完全不同的關係。而在這個緊要關頭，體能上的衰退卻到了能夠自我感知的地步。可以說，中年期的種種情況都是人的前半生發展中前所未有的，如若缺乏應對能力，則很容易深陷中年危機的泥潭。

▶ 壓力的正確對策

美國總統林肯曾說：「生活從四十歲開始。」但遺憾的是，本來意味著新起點的中年期，自始至終都處於壓力的陰影之下。準確地說，壓力不是一種幻想出來的疾病，而是對想像中的、有潛在威脅性的某些事情做出的反應。它一般有三個方面的具體表現：①生理方面：易疲倦，消化不良，免疫力降低，脫髮等；②心理方面：精神渙散，認知力下降，焦慮不安或容易動怒；③行為方面：頭痛

失眠，食慾衰退，嗜菸嗜酒等。經研究證明，大約有三分之二的中年人都深受壓力困擾。

要擺脫壓力，中年人必須建立起「中年期是人生轉折點」的認知，瞭解壓力產生的根源，降低對人生的期望，並學會合適的情緒宣洩方式。找家人和朋友交談就是一個最好的辦法，要知道，中年人需要的與其說是理解和寬容，還不如說成情緒的宣洩口更加合適。如果找不到傾訴對象的話，偶爾獨自一人肆意發洩一番也不錯。

除此之外，多多參加娛樂活動，發展自己的愛好，也能在轉移注意力、放鬆心情的同時，使精力重新得到活化。順便說一句，對於減壓，健康的生活方式同樣必不可少，長期加班、飲食不規律，都可能導致本已是「多事之秋」的中年期雪上加霜。

▶ 中途凋零的幸福 —— 中年離婚

從離婚的各年齡段人群來看，中年離婚向來都是離婚大軍中的絕對主力，作為中年危機的一個代表性產物，在近年來大有愈演愈烈之勢。廝守了半輩子，卻落得個一拍兩散的結局，著實是非常遺憾的事。

在華人社會，中年離婚有一個明顯的特徵，即近七成是由女方提出，而這個比例目前仍在提高。雖然這顛覆了傳統女性逆來順受的固有印象，但也從側面說明，中年離婚的主導權很大程度掌握在女性手中。究其根源，夫妻雙方對於婚姻的不同期望和性格差異，是導致這一現象的深刻原因。

中年夫妻之間，自以為彼此都知根知底，其實並不盡然，長期平淡的婚後生活已經使他們無法再注意到對方的變化。加之中年期壓力陡增，一方在情感宣洩時，另一方採取漫不經心、不屑一顧的態度，很容易導致「暴風驟雨」的來臨。對女方來說，雖然已經感覺不適合繼續這樣的婚姻，但出於子女的考慮，只能選擇暫時的忍耐。所以等到孩子能夠自立的年齡，比如說上了大學或工作穩定之後，女方很可能沒有徵兆地提出離婚，讓自己從這種凡事以丈夫、孩子為先的心理困境中掙脫，尋找屬於自己的人生。

專欄 10　永遠的婆媳戰爭

婆媳問題自古就是一個非常突出的家庭問題，媳婦過門之後，

卻碰上已經在夫家行使權力多年的婆婆，由此產生了矛盾。這些矛盾看似雞毛蒜皮的小事，其本質卻是婆媳之間的權力鬥爭。

▶ 母子一體化

近年來，社會變革引發的女權主義抬頭，使其在家庭的存在感越來越稀薄。父親的權力和影響被淡化，母親則接下了家庭權力的指揮棒，成為實際上的家庭主導者。

受傳統文化的影響，華人母親普遍都存在將自己和孩子等同視之的不良心理，控制慾旺盛，而這種「父親不在場」的狀況，更促使母子一體化程度進一步加深。此時的家庭結構，比起夫妻關係，母子關係則顯得更為牢固。而當兒媳也進入這個家庭之後，一體化就被一個新的三角關係取代了，兒媳和婆婆分別在兒子兩頭，兒媳抱怨婆婆過多地干涉、控制；婆婆不滿兒媳侵占了自己的部分權力，於是婆媳之間爆發衝突的情況就成為了常態。

▶ 婆媳問題圓滿解決之道

要終止這場沒有硝煙的戰爭，婆婆一方適度的權力讓渡是重中之重。婆婆要明白，兒子已經成家立業，並不適合先前的控制式管理，適當保持距離，給予兒子和兒媳空間是非常合理的事，同時要理解自己當前的發展課題是改善與丈夫的感情，使雙方早已冷卻的關係活化。另一方面，媳婦要注意尊重婆婆，發現並肯定婆婆在整個大家庭中的價值和付出，並適度降低對家庭的期望。

除此之外，溝通的作用也不容忽視。婆媳雙方意見相左很正常，但如果溝通不良，則很容易導致「積怨已久」後的最終爆發，若雙方能各退一步，自然撥雲見日。

家庭關係的演變

婆媳戰爭的本質是雙方的權力鬥爭，婆婆如果不適當讓渡權力，則很容易導致婆媳關係不和。

兒子幼年

父親存在感稀薄的同時，母子一體化不斷加強，兒子處於母親的控制之下。

兒子結婚後

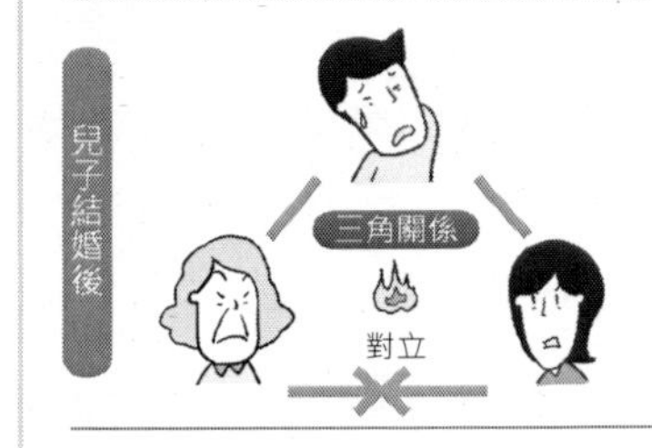

兒媳過門後，三角關係取代了原有的一體化，婆媳出現權力鬥爭，矛盾重重。

圓滿解決

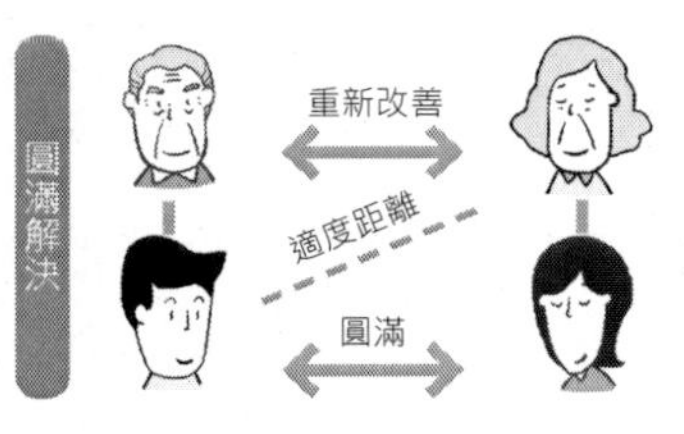

母親轉向重構自己的夫妻關係，給兒子適當距離，兒媳也尊重包容地回應，問題圓滿解決。

第 7 節　老年期

經過六十五年的漫長歲月，一直在人生之路上艱難跋涉的人們，終於迎來了即將與生命訣別的最後一個階段 —— 老年期。「夕陽無限好，只是近黃昏」，人到了這一階段，身體大不如前，已經能夠隱隱感覺到死神的威脅，從而使這段本應安平閒適的歲月蒙上

了一層陰影。

▶ 老年期的發展特點

人邁入老年期之後，體能衰老現象日益顯著，身體各個器官組織出現明顯的退化，多數人會出現視物不清、耳鳴耳聾、味覺嗅覺幾近消失等問題，由此導致了認知能力的急速下降。老年人處理資訊的時間變長了，反應和行動都變得遲緩。另一方面，雖然智力方面並不減退，智力活動也有所增加，但概念學習、解決問題的思維能力卻下降了，其具體表現在與兒童、中年輕人相比，老年人的思想儘管深邃許多，但卻嚴重拘於陳規、越來越難以接受新事物，對突發事件不知所措、束手無策。

大量心理學研究結果表明，老年期的個性心理方面也表現出了新的特徵，一方面日益保守、刻板、多疑，變得嫉妒心強、好發牢騷、愛管閒事、越來越自我中心性等；另一方面年輕時代養成的人格的結構和所屬的類型又十分穩定，只不過隨著年齡的增長，對外部世界的態度和方式開始出現由主動轉為被動、由外向轉為內向。

身體機能衰退，抵抗力下降，飽嘗長時間疾病的困擾；退休之後生活環境和社會角色都發生了變化，集體活動的時間減少；子女已經建立了自己的小家庭，不再有大量的時間陪伴左右；加上時常對自己一生發展的自我反省，老年人很容易產生諸如冷落感、孤獨感、疑慮感等不良情緒，且這些情緒一旦被激發就很難平復，需要很長時間才能恢復平靜。

值得注意的是，老年人的年齡並不是發展的決定性因素，個體或群體的差異也會對這一時期的發展產生深刻影響。

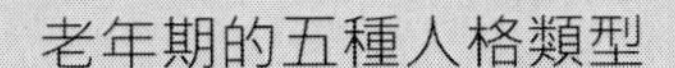

成熟型

成功地完成自身的發展．對過去的人生沒有後悔．並且在現實的基礎上．仍舊保有對未來人生的期望。

安樂型

無論積極與否．都已經接受了自己的人生．樂天知命．在退休之後就過起了安樂的生活．且十分享受。

防禦型

對身體的衰老惶恐不安．為了保持表面上的「年輕」活力．常常自願承擔一些年輕人的社會任務。

憤慨型

不接受自己的過去和老化的現實．內心敏感易動怒．常常表現出責備、攻擊他人的心理和行為。

自責型

過去的人生留有非常多的遺憾．但把責任歸咎到自身．甚至自我憎恨厭惡．生活在失望充斥的消極情緒中。

▶ 老年期的四把幸福鑰匙

一切有形之物終會破碎，一切有生命體終會死亡。死亡對於人來說，一直都是一個恐怖而忌諱的話題。儘管醫療水準不斷進步，

也依然僅限延長壽命而不能阻止死亡。但這並不表示人生最後的發展階段注定是灰暗的，我們可以運用以下四把鑰匙，打開新的幸福之門。

1．活動：工作，一直是人生的一個重要組成部分。退休之後，人就缺失了一項重要的人生目標，而不太適應老年期的生活。要學會尋找工作的替代物來填補這種空虛感，發展自己的興趣愛好，建立新的交際圈子，保持運動，也可以使心靈變得豐富。

2．逃離：退休在家之後，之前建立的人際關係會漸漸淡化，這是無法避免的事。但是回憶過往，你是不是曾經有過想要逃離這種生活的念頭，試著讓這種感覺甦醒吧。保持逃離的想法，即使參與社會活動的情況變少，也不再覺得孤單寂寞，你會驚喜地發現，安平恬淡也是一種美好的幸福生活。

3．感恩：在生活中，很多人已經有過直面死亡的經驗，父母的去世、親友的長辭，有時甚至是子女的早逝，我們要明白跨越了如此多的死亡，行至暮年是一件多麼幸運的事。過去的歲月雖然不如理想完美，但卻是我們真實存在的證據，因為堅強過，所以無須後悔。

4．繼續：雖然老年期是人生命全期的最終階段，但一味地對社會環境和身體變化低頭顯然不可取，基於年輕時代確立的人生要求，老年人依然擁有選擇如何生活的能力，如何繼續餘下的人生呢？答案不言自明。

第 4 章

人格與心理學

第 1 節　人格，演繹人生的面具

我們平時所說的性格，其實是心理學所講的人格，它是一個意指人類所有心理特徵的統一概念，結構相對穩定，即使在不同時間、地域條件下，也無時無刻不影響著人內心隱藏或外部顯現的心理特徵和行為模式。

▶ 氣質與性格

人格主要由兩部分組成，一是氣質，二是性格。氣質是對內在的心理傾向性的一種描述，而性格則是對外在的習慣的一種概括。簡單地說，性格是一種意向，氣質則決定這種意向的傾向性。舉一個簡單的例子，如果把我們的大腦比作電腦硬體，那氣質就是它的操作系統，而性格則是各種應用軟體。我們的電腦只有在具備操作系統的前提下，軟體才能成功安裝，且這些軟體必須與作業系統相容才能安裝，進而良好運行。

氣質一般被認為是人的天性，在人們年齡尚小、個人經歷或社會體驗都還未開始的時候，氣質就已經如同刻印一般，使人的行為展現出連貫性的傾向了。不只是人，自然界也是如此，貓傾向於抓老鼠，狗傾向於啃骨頭，老虎總是離群索居。除非牠們在完全有悖於天性的環境下長大，否則都會按照「氣質」形成相應的習慣：抓老鼠、啃骨頭、獨來獨往。但值得注意的是，氣質雖然是人格形成的基礎，但並無好壞之分，它只能讓人的行為沾染上顏色，而不能決定其待人接物的方向。就好比任何一種氣質類型的人都可以成為品格高尚的人，也可以成為道德敗壞的人。

比起與生俱來的氣質，性格則更多地被認為是氣質與生活環境在漫長的人生發展中，經由互動而形成的衍生物，它主要體現在人對自己、對他人、對事物的態度和採取的行為上，高尚與卑鄙、誠實與虛偽、勤勞與懶惰、驕傲與自卑，勇敢與怯懦等都屬於性格特徵。人們常常把性格和人格的概念混淆，其實性格只是人格中涉及社會評價的那一部分。換句話說，性格是人格的社會屬性的體現。

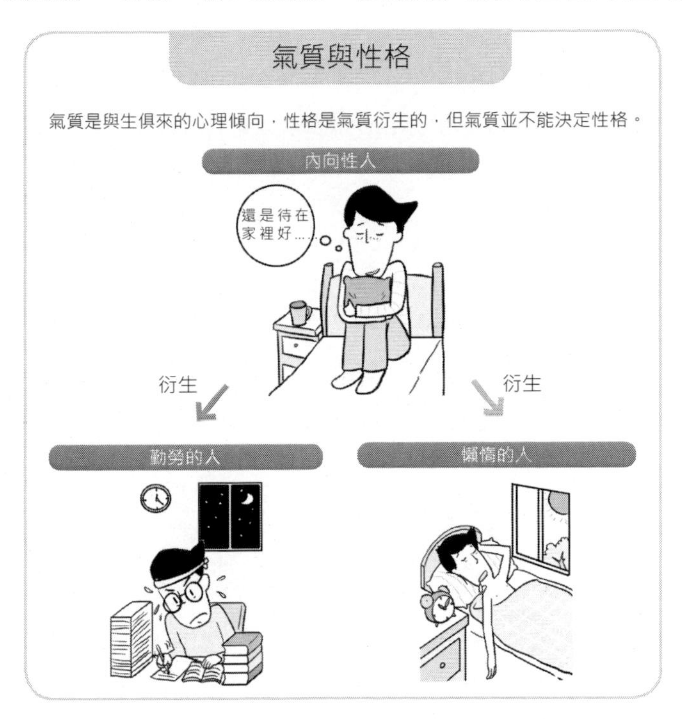

▶ 所謂個性

「你真有個性」、「那人穿得很有個性」……我們經常能聽到諸如此類與「個性」有關的說法，也許有人會把它與性格混為一談，但事實上，在心理學上兩者有很大的區別。個性是指個人不可分割的、能夠與他人相區別的全體特徵，

由此可見，它不僅包含性格特徵，還包含有卓爾不群的能力和惹人注目的服飾裝扮等。當然，在人透過行為和裝扮來表現個性的時候，也不能忽視其中性格所發揮的作用。

第 2 節　人格的分類

人格是一個有著豐富內涵的概念，由於視角和研究方法的不同，曾先後出現過幾十種的人格理論，其中最具代表性的要數類型論和特質論。

▶ 類型論與特質論

類型論（type theories）源於一九三〇到一九四〇年代的德國，它將人格分作幾種類型，並盡可能實事求是地描述出各種類型的特徵，和一種人對另一種人的心理差異。根據基準的不同，把握性格的方式也不一樣。

特質論（trait theory）則起源於一九四〇年代的美國，它的主要出發點是將人格視為一個由各種特質組成的集合體，其中所謂的特質即決定人類個體行為的基本特性。作為人格的有效組成元素，特質也是測評人格常用的基本單位。比如說活動性、社交性、依賴性、自卑感等特質的多寡是有個體差異的，所以特質的數量差就決定了人格。

▶ 內向性和外向性

我們最為熟悉的人格理論 —— 榮格的人格分類，就是類型論的代表。根據自己精神科的臨床經驗和與各種人的廣泛接觸，榮格假定了一個「快樂的慾望」，即「心的能源」。「快樂的慾望」展現在包圍自我的環境之外，稱為「外向」，展現在環境之內則稱為「內向」，換句話說，外向意味著關注外部世界，內向則意味著關注內心世界。

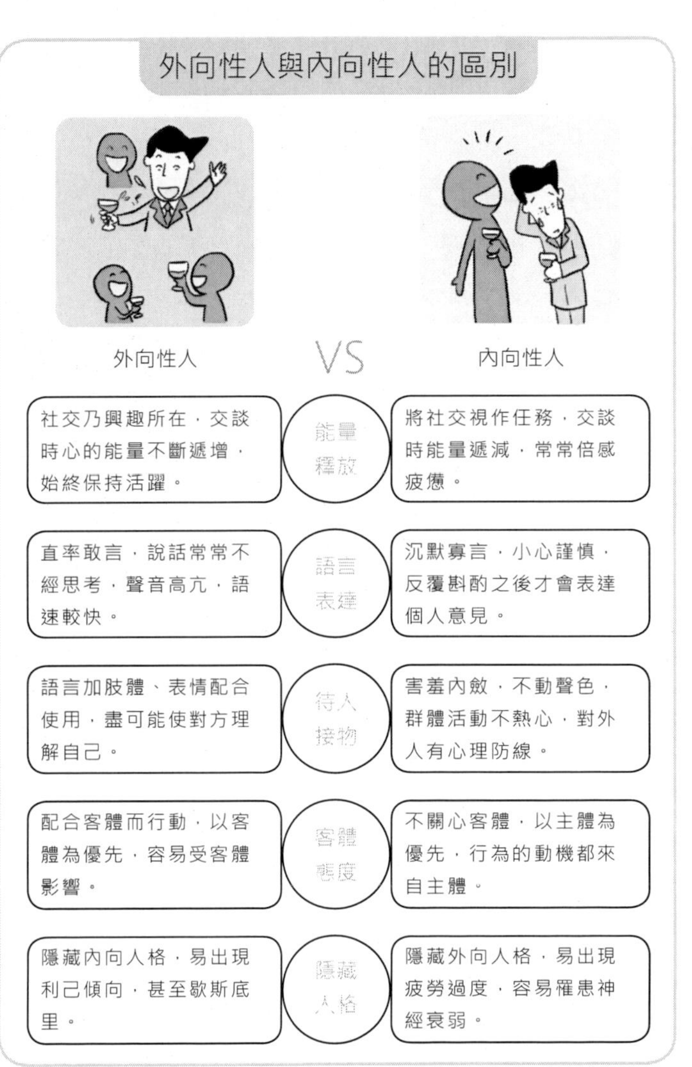

當外向成為一種習性時，稱為「外向性（extraversion）」，反之就稱為「內向性（introversion）」。兩者表現出來的區別非常明顯，沒有接觸過心理學的人也能輕鬆辨別。比如說外向性人開放爽朗，很好相處，樂於助人也樂於被人幫助；內向性人則沉默寡言，難以捉摸，不善言談。事實上，引發這種差別的真正原因是二者對客體的態度，外向性人對客體表現出積極的態度，內向性的人則表現得比較消極。

不過，純粹外向或內向的人是不存在的，每個人都多少有些外向或內向，區別就在於哪一種特徵占優勢。外向內向也各有優點，談不上誰優誰劣。

專欄 11　體型能表現人格嗎

所謂體型，是指人的身材體態（如高矮胖瘦）。它是人最明顯的外部生理特徵之一，歷來被認為和人格具有某種相關性，而使各國心理學家競相研究。

一九二五年，德國精神科醫生克瑞奇米爾（E. Kretschmer）根據長年對精神病人的觀察和研究，提出了著名的體型氣質論。他認為人的體型可以分為三種，分別指代了一種特定的人格：

1．肥胖型（躁鬱型氣質）：身材肥胖，手腳較短，圓肩闊腰。這種人喜歡社交，親和力強，表情豐富，活潑好動，有幽默感，但是情緒不穩定，本來興致勃勃的，會突然變得憂鬱，易患躁鬱症。

2．鬥士型（黏著型氣質）：頭大肩寬，骨肉發達且分布均勻，體態與身高成比例。這種人正義感強，注意禮儀，規行矩步，生活節儉，遵守紀律和秩序，但喜怒無常，容易做出衝動之事，絕大多數的癲癇病人都屬於這一類型。

3．瘦長型（分裂型氣質）：身材細長，高瘦纖弱，胸圍窄小，肌肉和骨骼的發育都不充分，呈內屈狀。這種人性格內向，不善社交，沉靜退縮，多愁善感，膽小害羞，偏執封閉，易患思覺失調症（舊稱精神分裂）。

除了以上三種常見的類型之外，還有一種不常見的發育異常型，這種人的體型結構和常人有很大的不同，有憂鬱氣質，性格軟弱膽小，心理極端封閉，簡直可以說與世隔絕。

一九四〇年代，美國心理學家科欽（S. Kochin）繼承並發展了這一理論，他在體型說的基礎上，進一步研究到形成體型的基本成分 —— 胚層（germ layer）。根據人在胚胎發育時的三個胚層中占優勢的那一個胚層，將人的體型分為三種類型：

1．內胚層型（內臟緊張型）：悠閒逍遙，行為緩慢，愛好社交，寬宏大量。心理特點為隨和、善解人意、有耐心，對應肥胖型。

2．中胚層型（身體緊張型）：自信大膽，喜好冒險，富有進取心，精力充沛。心理特點為任性、易衝動、剛愎自用，對應鬥士型。

3．外胚層型（頭腦緊張型）：內向拘謹，羞澀膽怯，不好社交，工作熱心負責，愛好藝術。心理特點為懦弱、壓抑、過分穩重，對應瘦長型。

值得注意的是，雖然體型和氣質之間確實存在某種相關（一般認為能達到 80% 的相關度），但是也不能忽視社會對各種體型者的不同態度的影響，比如說，人們總是喜歡和胖胖的孩子開玩笑，久而久之胖孩子就養成了喜歡社交、活潑開朗、有幽默感的性格；看上去很強壯的孩子，在班級活動時經常被委以重任，久而久之也就變得自信大膽、剛愎自用了。

從體型到人格

體型	肥胖型	鬥士型	瘦長型
氣質	躁鬱型	黏著型	分裂型
性格	善交際、善良、活潑好動、情緒不穩	自信、進取心、循規蹈矩、正義感強	拘謹、不善社交、認真靦腆、神經質
心理疾病	躁狂憂鬱	癲癇	精神分裂
對應胚層	內胚層	中胚層	外胚層

第 3 節　人格和遺傳

人的人格千差萬別，那它究竟是如何形成的呢？大家可以先審視一下自己的人格，是不是既有和父母差不多的部分，也有因各種人生際遇的影響而形成的一部分呢？

▶ 人格是天生的嗎

對於人格的成因，在心理學界爭論了很長時間，也湧現出了許許多多的學說，但是到今天，所謂的互動論（interactional approach）得到了心理學界的公認，它的主要觀點是：人從父母那裡繼承而來的遺傳因素，與其被撫養長大的生活環境相互影響、互動就形成了人格。

遺傳因素，主要是指人的氣質，它是人與生俱來、很難改變的東西，同時生理性的東西如體質、體型也是遺傳的主要內容；環境因素，就是一般所說的性格，它主要是後天形成的，生活中附加的東西有很多。比如在生長背景下產生的性格、由其社會地位決定的性格、在工作中形成的職業性格等。兩者不斷影響、作用、相輔相成，人格就在這樣的過程中慢慢形成。

在這種理論基礎的引導下，美國教育心理學家詹森（A. Jensen）在研究個體學習差異的過程中，提出了環境閾值論。他認為遺傳而來的特質要被真正實現，必需一定的環境因素；反過來環境因素的質和量，都會因為每種遺傳特質的不同而有所差異。比如說，身高和智力受遺傳的影響很大，但受環境的影響很小；而學習成績、語感和外語發音等，則由是否有適合發展的環境決定。

▶ 不可思議的雙胞胎

為了研究遺傳因素如何影響性格的形成，科學家們分別觀察了同卵雙胞胎和異卵雙胞胎，而研究結果非常不可思議：由同一個受精卵分裂而來的同卵雙胞胎，不僅在身高、體重等身體特徵方面幾乎相同，在性格、愛好、運動能力等方面，也比由不同受精卵發育而來的異卵雙胞胎更為接近；另外，同卵雙胞胎雖然在感情層面十分相似，但是在知識層面上卻並非如此，這充分地說明了感情是由遺傳因素決定的，而知識則是受後天環境影響。

更讓人吃驚的是，調查報告還顯示，與在同一個家庭裡被正常養育的雙胞胎相比，出生後就被送到不同家庭撫養、並且互相接觸比較少的雙胞胎，在性格方面會更接近。原來，兩個孩子在相同環境成長，父母會有意識地依據他們的細微差別來培養他們各自的特徵，從某種程度上說，這種做法使孩子原有遺傳特質的發展受到了阻礙，而而使人格表現差異較大。

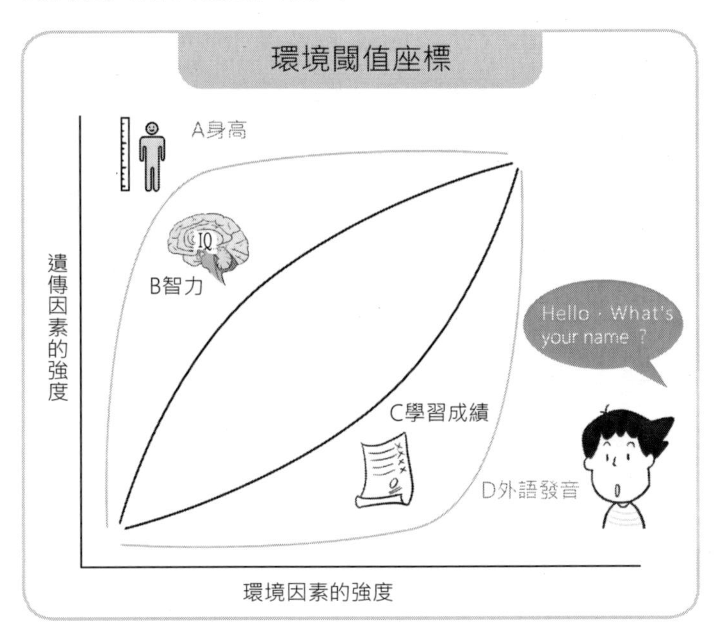

專欄 12　兄弟姐妹的性格

生活中我們經常會發現這樣一個有趣的事實：家中年紀最大的孩子往往很懂得照顧別人，而排行最小的孩子通常具有很強的自信心。雖然出生於同樣的家庭、在同樣的環境下長大，卻因為出生順序不同，導致性格截然不同。

一份主題為職業與出生順序之間關係的調查結果表明：超過 43% 的企業主管都是長子；很多體育明星都是家裡最小的孩子；而在女性義工中，有 46% 都是長女，獨生女還不到 2%。

▶ 父母的對待方式會造就性格

心理學家通常認為，父母對待不同孩子的方式，是造成兄弟姐妹性格不同的主要原因。一般說來，父母在養育第一個孩子的時候，往往認為自己經驗不足而十分認真負責；但到了養育第二個和以後出生的孩子的時候，父母的態度就會有所變化，當初的新鮮感已不復存在，養育時的感動和對孩子的關心也越來越少。此時的父母更加關注的是次子與長子不同的特徵，以前長子做錯的事不見得再拿來教訓斥責次子，而長子得到表揚的事，則要求次子以此為榜樣照著做。

另外，對於家裡的長子，父母會希望他早點自立，以減輕養育其他孩子的壓力；而對於幼子，父母則希望他永遠是個孩子，以便不斷地投入已經成為慣性的、隱藏有控制慾的父母之愛。

▶ 家庭角色會形成相應的性格

「你是大哥，讓一讓弟弟吧」、「你是大姐，幫忙收拾一下房間」……這些都是多子家庭經常能聽到的話。長子長女一聽到自己被稱為「大哥」、「大姐」，責任感就油然而生，並開始注意自己在家庭群體的位置。隨著弟弟妹妹也開始這樣稱呼，這種角色意識和責任感不斷被強化，於是他們傾向於承擔更多的家庭任務，變得堅強而有忍耐力。但作為第一個在家裡出生的孩子，長子長女在一

個被大人圍繞的環境中長大，而面對與大人的能力差別，他們的自信心會逐漸消失。特別是之後弟弟妹妹降生，在雙方發生爭執的時候，父母也常常會偏向年幼的孩子，使長子長女的自卑感進一步增加，最終導致「自信喪失」性格的形成。

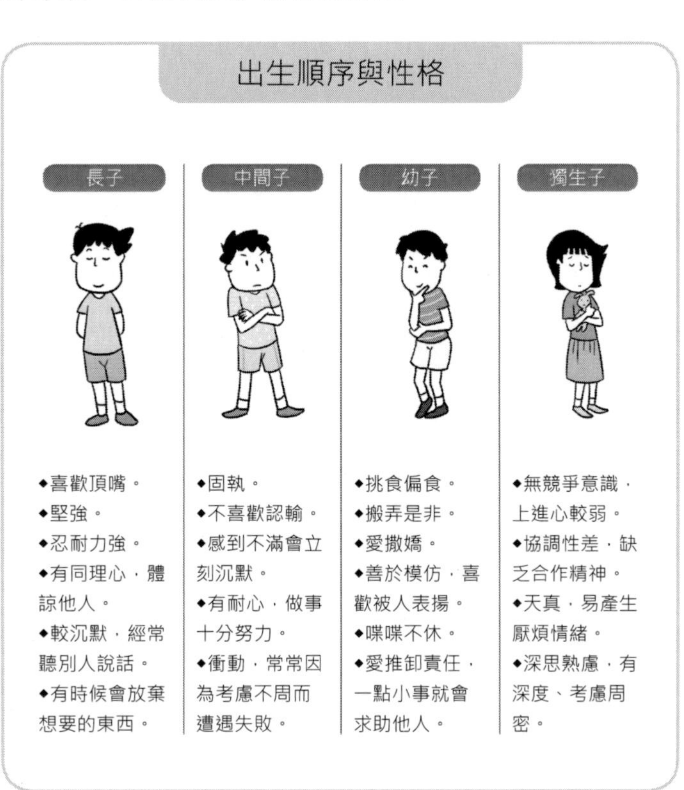

與長子長女恰恰相反，最小的孩子多是在父母溺愛的環境下長大，並在與年長孩子的爭鬥中得到了最多的支持，因此在兄弟姐妹這個小群體裡常常扮演勝利者的角色，久而久之就形成了很強的自尊心和自信心。然而，他們抱有嚴重的依賴思想，也比較容易固執己見。至於出生在長子和幼子中間的孩子，由於被夾在大小孩子之間，自小便下意識地與雙方比較，形成了不服輸、不達目的誓不罷休的性格。

這些性格特徵的區別在不同文化背景下都很常見，特別是在孩子們年齡差為二到四歲時表現得最為顯著。但值得注意的是，如果是兄弟姐妹之間都直接稱呼對方姓名的情況，就不是很符合這些規律了。

近年來由於少子化，三口之家越來越多，而獨生子女在沒有兄弟姐妹的家庭環境下長大，相比多子家庭出生的孩子來說性格要複雜得多，上述性格特徵在他們身上幾乎都能看到，只是根據環境的不同，表現會多少有所區別，但他們的共性也是存在且顯著的。比如說，因為接受了父母全部的愛，所以競爭意識薄弱；因為沒有兄弟姐妹組成的小群體，從小一個人玩的情況非常多；沒有與兄弟姐妹打鬧、忍耐的經驗，所以協調性差，缺乏合作精神；因為遇事經常需要獨自解決，所以較之多子家庭的孩子，他們的思考更加慎重而周全。

▶ 兄弟姐妹的傾斜關係

相比之於父母的縱向關係、之於朋友的橫向關係，兄弟姐妹之間可以說是一種傾斜的關係，它是由兄弟姐妹的數量、性別、年齡差別、出生順序決定的，顯得錯綜複雜，但是都能簡化成一對一的關係。以兩個孩子的家庭為例，我們可以將這種關係分作四種類型：

兄弟姐妹的傾斜關係

互相競爭，互不服氣，吵嘴打架的事情時有發生，這種關係多見於兄弟之間。

關係友好，雙方在一種親密和諧的氛圍中生活，這種關係多見於姐妹之間。

在交往中，一方確立了對另一方的優勢地位，這種關係在兄與妹、姐與弟的場合比較常見。

不親近，積極的聯繫較少，這種關係在年齡差別比較大的兄弟之間較為常見。

第 4 節　性別與人格

在心理學上，「性別」這個詞實際上包含有雙重含義，一是生理上的差異，即男女活動中生物學的或解剖學的差異，是天生遺傳的；二是心理上的差異，這種差異主要來源於社會環境，是後天形成的。

▶ 男子氣與女人味

「好 man 哦，超帥！」、「沒有女人味的男人婆！」……生活中我們常常能聽到諸如此類有關男子氣和女人味的說法。那到底什麼是男子氣與女人味呢？究其本質，它們是兩性因性別差異而表現出來的性別人格。

經研究證明，女性最期待的男性特質包括：① 能力強，有實力；②頭腦靈活，學歷高；③不拘小節，有領導力；④身材高大，工作專心；⑤志存高遠，充滿自信等。而男性最期待的女性特質則有：①順從，謙虛；②小鳥依人；③漂亮或可愛；④心思細密；⑤工作認真等。

人們都是基於這些特質去評價異性的性別人格，然而，在現實生活中我們很難見到能全部滿足這些特質的男女，所以對於一般人來說，越是符合這些性別期待，在異性眼裡就越是顯得有性別魅力。

▶ 性別人格的成因

當我們降生到這個世界上，就擁有了生物學上的生理差異，並根據這種差異被社會賦予了性別角色，它包括一定性別的個體在社會中占有的適當位置，以及被該社會規定了的行為模式。在隨後的人生發展中，性別角色的社會反饋不斷加強，使性別人格的差異越來越明顯。

所以，從性別人格的成因出發，我們很容易得出社會賦予性別的心理差異占主導作用的結論。舉個例子，在孩子很小的時候，許多父母就要求男孩子要堅強，女孩子要溫柔。在這樣的環境下長大，男孩子會越來越注意表現堅強的一面，變得「有淚不輕彈」、「膝下有黃金」，女孩子則會注意自己的言行舉止以及服飾裝扮。就這樣，人在不知不覺之間就已經被打上了性別人格的烙印。

然而現代社會男主外、女主內的家庭模式已經發生了巨大的改變，由於生活的壓力和服務業蓬勃興盛，越來越多的女性投入職場，參與社會活動的情況也日益增加。因此，在女性年幼的時候，父母也會主動培養她的競爭意識，而不再一味要求她順從溫柔。與之相對的是，隨著社會文明度的提高，用拳頭說話的現象越來越少，於是父母漸漸地也開始要求男孩子知書識禮，溫文爾雅的男孩子就變得越來越多。由此可見，基於社會因素的主導作用，人的性別人格會與時俱進。

▶ 測試你的性別人格

男性與女性，由於生理上的性別差異以及角色地位的不同，氣質與性格都具有不同的偏向。值得一提的是，絕大多數人都不可能完全符合自己性別所要求的性格特徵，而是兼有一定的異性人格，即男子人格中有女性的原型，女子人格中同樣有男性的原型。這種異性的人格雖然不如自身性別人格那麼明顯，但是也會在完整的人格中發揮一定作用，並以外顯的行為表現出來。由於強度和範圍不同，異性人格對心理發展的影響也是難免的。個人的性別人格比異性人格分數高，想必是一般的結果，但是也不能排除異性人格比性別人格分數高的情況出現。

▶ 男子氣與女人味同樣重要

近年來，一種適合兩性的新穎理想模式出現了，即所謂的兩性化（androgyny），它是指人同時具有男性和女性人格的心理特徵，具體表現在：在要求男性人格的情境下，他們能夠表現得勇往直前、魄力十足；而在要求女性人格的情境下，他們又能善解人意，溫柔如暖陽。因此在許多場合下，具有兩性化氣質的人，要比具有性別定型人格的人表現出色。

雖然在先前很長一段時間，男子氣和女人味都是獨立的存在，但是現代社會常常要求個人平衡地順應社會和家庭兩方面的要求，所以同時具備男性人格和女性人格就顯得十分必要。心理學家布洛克（J. Bullock）認為，不管是男性還是女性，都應該具備膽大而心細、勇敢而穩健、豁達而深沉、理智而多情等完美的人格特徵。因此個體靈活地運用性別角色規則，對自己的內在需求和價值做出適當的反應，使自身的性別人格和異性人格互補，就能夠發展出多姿多彩，適應社會的完美人格。

第 5 節　周哈里窗

我們可以來做一個簡單的實驗：你和幾位朋友針對你的人格，分別寫出五個關鍵字，在大多數正常情況下，即使將近似的關鍵字算作相同，也會發現你們寫出的五個詞不會完全相同，也就是說，你自己眼裡的自己，和朋友眼裡的並不是完全一致。

首次將這一現象圖表化的，是美國心理學家勒夫（J. Luft）和英格拉姆（H. Ingram），他們於一九五〇年代提出這一新人際關係模型，並以兩人的名字 Joseph 與 Harry 合併為模型的名字，即「周哈里窗」，也被稱為「自我意識的發現—反饋模型」。

周哈里窗將人的內心世界視為一扇窗戶，它有四小格，分別指代內心世界的四個象限：自己瞭解、他人也瞭解的區域被稱作「開放我（Arena）」；自己不瞭解、他人瞭解的區域被稱作「盲目我（Blind Spot）」；自己瞭解、他人不瞭解的區域被稱作「隱藏我（Façade）」；自己和他人都不瞭解的區域被稱作「未知我（Unknown）」。值得注意的是，未知領域雖然雙方都不瞭解，但卻對其他幾個區域有著潛在的影響。

除了展示人格的四個象限之外，周哈里窗還包含了情感、經驗、觀點、態度、技能、目的、動機等內容，所以也經常被用來引導溝通。研究發現，真正而有效的交流和溝通，只能「開放我」內進行，這是因為「開放我」內雙方交流的資訊是可以共享的，所以能達到令人滿意的溝通效果；但在現實中，很多溝通者對彼此都不甚瞭解，很無奈地進入了「未知我」，溝通的效果就可想而知了。

這一原理也可以用於那些對自己的人格感到苦惱的人，要知道在社會生活中，提高自我展示力是十分重要的，所以必須設法拓展自己的「開放我」，並減少自己的「隱藏我」。另外，還必須重視能夠指出「盲目我」的人，這樣一來說不定能提高通向「未知我」的可能性！

周哈里窗
開放我
自己和他人都知道的、公開的自己。
去游泳嗎？
是的。
盲目我
自己沒有注意，他人看到的部分。
恐龍。
隱藏我
自己知道、他人不瞭解的部分。
前輩居然拒絕我了，好難過。
未知我
雙方都不知道部分，包含著無限可能性。
我們是新人，一起加油！
他人
知道
不知道
知道
不知道
自己

第 6 節　血型決定人格嗎

A 型血人謹小慎微，B 型血人自由奔放……在網路或雜誌上，我們經常能看到有關血型人格的趣味測試，很多人看過之後，也表示測試結果非常符合現實情況，但是從科學的角度來看，血型真的能夠決定人格嗎？

▶ 美麗的謊言

關於血型與人格的關係，心理學界也一直進行著各種研究，但在研究血型人格關係的過程中，心理學家發現由血型判斷出的人格，與基於人格心理學理論制定的人格測試所得到的結果不相符合，兩者並不存在一貫的關聯性。雖然也有血型人格說的擁護者表示「不同血型的成分不同，因此會對人類的精神機能產生不同的影響」，但是無論是醫學界還是生理學界的主流看法，都認為這種觀點經不起理論推敲。

▶ 血型人格說深受歡迎的緣由

既然血型人格說並不科學，那為什麼會如此流行並深入人心呢？我們可以用心理學的視角來看待這個問題。

首先，血型人格說所描述的血型人格常常模稜兩可，無論是哪一種血型的人都有可能吻合。舉個簡單的例子，說 A 型血的人小氣，其實 B、AB、O 型血的人也有很多人有同樣的毛病，但是這時大家會認為 A 型血的人小氣的特別多，或是比自己更小氣，於是「A 型血 = 小氣」的說法就成立了。

第二，期望效應，也是血型人格說的幕後推手。人會本能地接受血型人格的判斷，並根據周圍環境的反饋，潛意識不斷強化這種人格，最後使自己的人格真正地與血型人格判斷相符。比如說，B 型血人的人格一直被認為是「自由奔放」的人格，B 型血人看到這個結果後，會下意識地採取相應的奔放行為。對此，周圍的人也會評價說：「果然是 B 型血人啊」、「B 型血人就是放得開」。於是在心理暗示的作用下，B 型血人會進一步地表現出「自由奔放」的人格。從某種意義上說，血型人格說並不能判斷人格，卻能促使這種人格的形成。

血型人格說之所以大行其道，還有一點就是它的「易用」性。這是因為在現實生活中，知人、識人是十分困難的事，有了血型人格判斷，就相當於多了一個容易攜帶的工具，以便迅速地形成對某些人的印象和判斷。除了血型人格說之外，同理還有星座人格說，也是人們對自身人格缺乏科學性認識的理論。

血型人格說成立的理由

專欄 13　人格測試

人格是一個綜合概念，是由多方面內容組成的。為了清楚人格，就必須針對它的特點設計出標準化的測量工具，從特定的測量指標對測試者的人格特徵進行考察，即所謂的人格測試。根據測試方法的不同，一般可以把它分為以下兩大類。

▶ 問卷法

所謂問卷法，顧名思義就是像調查問卷那樣，對想要測試的人格特徵編制若干題目（問句），一個題目陳述一種行為，讓測試者根據自身真實情況逐一回答，最後透過答案來衡量評價測試者的某項人格特徵。它不僅能測試出外顯人格，如態度傾向、職業興趣、同情心等，還能測試出內在人格，如行為動機、內心衝突、深層慾望等。

但是，問卷法有一個弊病，那就是測試者的答案往往不是完全真實的。這是因為在測試的過程中，人會下意識地選擇傾向性好的答案，使自己表現出更好的人格傾向。這種情況在就職或入學的測試中則更為常見，測試者常常會選擇公司或學校期望的答案，從而使測試失效。

常見的問卷法有以下三種：

1．明尼蘇達多項人格問卷（MMPI）由美國明尼蘇達大學教授海瑟威（S. Hathaway）和麥金力（J. Mckinley）合作編成，主要內容包括健康狀態、情緒反應、社會態度、家庭婚姻問題等二十六類題目，可鑑別強迫症、思覺失調、憂鬱症等。

2．邁爾斯 - 布里格斯性格分類法（MBTI）：源自榮格的人格類型說，後經美國心理學家邁爾斯（I. Myers）和布里格斯（K. Briggs）發展成形，能評價人類所有行為的十六種外在狀態模式，在管理、職業、婚姻、教育等領域使用廣泛，世界五百強企業的 80% 的高層都使用過這個工具。

3．卡特爾十六種人格因素測試（16PF）：由美國伊利諾伊州立大學心理學家卡特爾（R. Cattell）精確編制而成，能在不到一小時的時間裡鑑別出十六種主要的人格特徵，廣泛應用於人才選拔、心理諮商等領域。

▶ 投射法

佛洛伊德認為人的內心存在著被壓抑的慾望，雖然平時不易察覺，但會影響人的行為，投射法（projection）就是基於這種思維產生。在測試中，給測試者一系列的模糊刺激（如抽象模式、未完成的圖片、繪畫等），要求其對這些模糊刺激做出反應（如要求受測者描述抽象模式、完成圖片或講解畫中內容等）。在測試過程中，測試者的一些潛在深層動機和人格特性，就這樣不知不覺地投射反映出來。

常見的投射法有以下兩種：

1．羅夏克墨跡測試（RIT）：由瑞士精神病學家羅夏克（H. Rorschach）在一九二一年設計而成。他將墨水灑在白紙上，然後對摺，使紙上的圖沿一條對摺線形成對稱的、不規則的墨跡圖，接著讓測試者根據圖形自由想像，然後再口頭報告。整個測試包括十張墨跡圖，其中五張為黑色、兩張為紅黑雙色、其餘三張為多色。

2．主題統覺測試（TAT）：由美國心理學家莫瑞（H. Murray）和摩根（C. Morgen）於一九三五年編成。具體測試類似於看圖說話，向測試者出示三十一張圖片（包括三十張模稜兩可的圖片和一張空白圖片），讓對方根據圖片的內容編出一個故事，透過這個故事，依次發掘出測試者壓抑在內心的動機和慾望。

值得注意的是，因為個人行為容易隨著時間改變，所以人格測試所測量的行為，從穩定性來說，一般不如能力測試的結果有效。

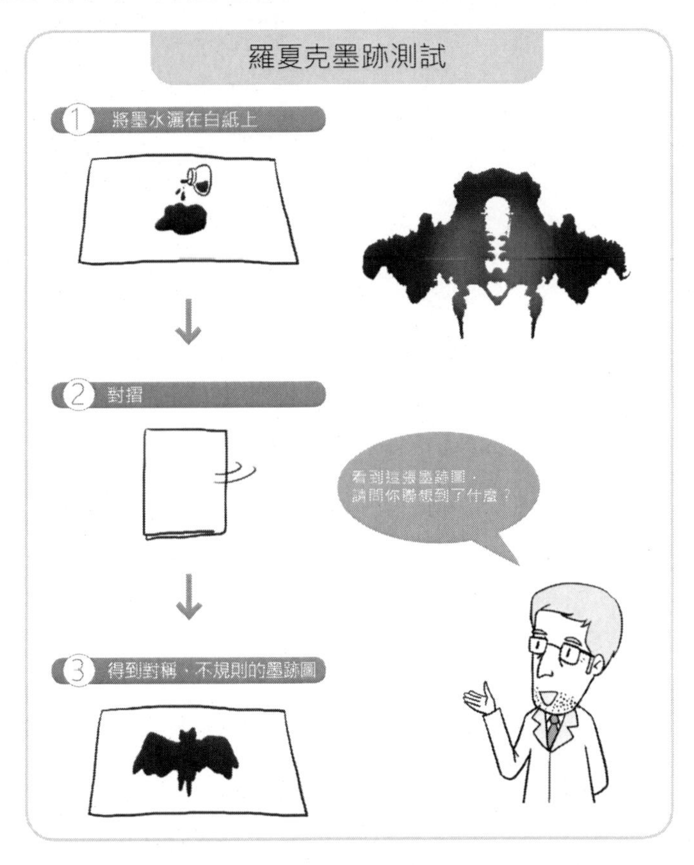

第5章

夢、感情與心理學

第 1 節　佛洛伊德

佛洛伊德於一八五六年降生在了奧地利佛萊堡市的一個猶太家庭，因為父親的事業失敗，四歲時全家搬到維也納謀生。雖然在入學前，佛洛伊德接受的都是普通家庭教育，但高人一等的智力，使他成績一直名列前茅，十七歲時即考入著名的維也納大學醫學院，此後一直在生理學家布呂克（E. Brücke）的指導下進行生理學的研究。

▶ 氣質與性格

一八八一年，由於家業的不振，在布呂克的建議下，佛洛伊德離開了研究室，轉而就職於維也納綜合醫院，擔任臨床神經專科醫生。在從醫的過程中，佛洛伊德展現了作為一個科學奇才的非凡天分，他先後提出了諸如精神分析法、潛意識、夢的解析、性慾說、自我防衛機制等一系列引發了當時心理學界大震動的理論，把整個學科的發展推上了一個新的高峰。

一九三八年，第二次世界大戰前夕，奧地利的納粹勢力日益猖狂，他們公然燒毀佛洛伊德的著作，甚至還逮捕了佛洛伊德的女兒。迫於無奈，佛洛伊德最終決定搬到倫敦，但此時的他由於長期嗜抽雪茄患上了口腔癌，最終於一九三九年九月二十三日在倫敦逝世，享年八十三歲。

▶ 意識的三個層次

潛意識的發現，一直被心理學界公認為佛洛伊德的最大貢獻，潛意識中被壓抑的情感和慾望，是人各種行為的原動力之說，在當時的社會引起了巨大的反響，而將潛意識的部分意識化的工作，就是所謂的精神分析（psychoanalysis），能夠解放個人內心不安和精神官能症。

佛洛伊德認為，人的精神意識就像一座冰山，可分為三個層次，即意識、前意識和潛意識。意識指個人目前能夠自我感知到並轉化為行為的一切，但它的數量不多，只是冰山露出水面的很小一部分；尚未意識到、但可以透過回憶而變為意識內容的一切就是前意識，它只是被單純被忘記，能夠簡單地重新被人意識到，是意識和潛意識的分界線；而潛意識則是指那些在正常情況下根本不會進入意識層面的東西，如內心深處被壓抑的慾望、祕密的想法和隱藏的恐懼等，這種感知不到的意識才是冰山下的絕大部分。

潛意識如同一個頑皮的嬰孩，只知道千方百計地滿足自己的慾望，而不具備時間感、空間感和是非觀念。因此在社會標準的規範下，它的慾望常常無法被滿足，只能被壓抑在意識之下。但它並沒有消失，反而主動地對每個人的人格和行為施加壓力和影響。比如生活中很多微小的事情，如做夢、口誤和筆誤，都是潛意識以偽裝的形式表現出來。

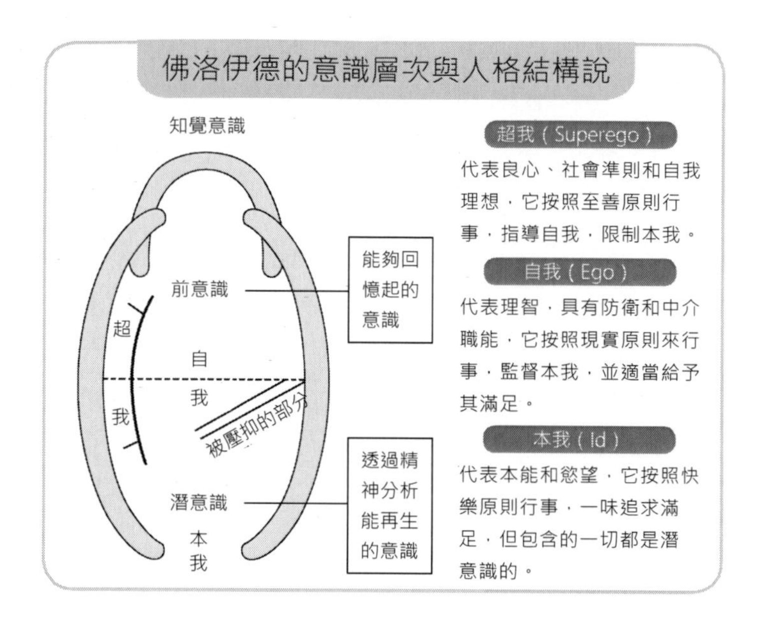

▶ 自我防衛的功過

如果人長期處於慾求不滿的狀態，很有可能會導致心理和身體失去平衡，從而引發心身症。一旦將要陷入這種情況，這些可能導致失衡的慾望和衝動（或者與它們相關的印象和記憶）就會被趕到潛意識的領域，以防止自我的崩潰。這一心理過程被佛洛伊德稱作自我防衛（ego defense）。

具體地說，自我防衛是依靠潛意識改裝或曲解現實，使自我免受危害，保持自我和諧統一。從某種意義上說，它也是一個適應現實世界的心理過程，主要有壓抑（suppression）、昇華（sublimation）、回歸（regression）、補償（compensation）、投射（projection）、幻想（fantasy）等十三種形式。比如公司裡工作能力欠缺的員工，往往會特別注意打好人際關係，以這種用優勢所帶來的自豪感填補劣勢的自卑感，就是補償的防禦機制在發揮作用。

雖然在大多數的情況下，自我防衛的作用都是正面的，但是過於依賴這種機制，很容易使人喪失自我的主體性，從而引發異常行為或問題行為，甚至導致精神疾病。

▶ 性慾是一種能量嗎

本能是推動個體行為的內在動力，佛洛伊德認為，人精神活動的能量就來源於這種動力。在早期理論中，佛洛伊德只注意到了人類自衛和繁殖的本能，第一次世界大戰期間他目睹了大屠殺，才猛然發現了人類也帶有侵略和毀滅的本能。於是他重新將本能分為兩類：一類是生的本能，另一類是死亡、攻擊的本能。

生的本能包括性慾本能與個體生存本能，其目的是保持種族的繁衍與個體的生存。不過，佛洛伊德定義的性慾是廣義的概念，它是指人們一切追求快樂的慾望。性本能衝動是人一切心理活動的內在動力，當這種原慾（libido）積聚到一定程度就需要尋求途徑釋放出來。

結合了發展心理學的一些觀點，佛洛伊德提出了心理性慾發展論，即性慾能量在人不同的階段會投向身體的不同性感區，使其感到興奮和滿足。

▶ 潛意識與夢

在佛洛伊德眼裡，夢是潛意識的宣洩，因此潛意識的願望經常出現在夢境中，對此他的解釋是：當人進入睡眠之後，自我會漸漸減弱，由此放鬆了對本我的警惕，潛意識內部蠢蠢欲動的慾望便趁機繞過本我的壓制，闖入意識的區域，偽裝成夢中之物浮現。

由此可見，夢不是心理活動偶然形成的聯繫，而是被壓抑的慾望改裝的、象徵性的滿足和委婉表達，雙方存在因果關係。夢就好像是潛意識的透視鏡，透過對夢的解析便可以窺見人的內部心理，探知潛意識中存在的慾望以及本我與自我的衝突。

心理性慾發展階段

出生～18個月	口腔期	嬰兒的活動大部分以口腔為主，諸如吸吮、咬、吞嚥等，口腔區域成為快感的中心
18個月～3歲	肛門期	此時幼兒由於對排泄解除壓力而感到快感，肛門一帶成為快感中心
3～5歲	性器期	性慾能量集中在生殖器上，性器官成為兒童獲得快感的中心。對性的關心會指向父母中的異性，並獲得自身的性別角色意識
5～12歲	潛伏期	這一時期性慾能量處於休眠狀態，兒童將上一階段以父或母為對象的性衝動轉移到環境中的其他事物上
12歲之後	生殖期	身體趨於成熟，性慾能量像成人一樣湧現，是口腔期、肛門期、性器期三個階段的綜合發展

第 2 節　榮格

一八七五年，榮格出生在瑞士波登湖畔的一個宗教家庭，加之父母不和睦的教育環境，使他自小的性格顯得憂鬱且喜歡幻想。六歲時，與同齡人一樣，榮格也開始了學校生活，漸漸發現了自己在家庭之外的另一方面。

一九〇〇年，榮格從巴塞爾大學醫學部畢業，隨後轉入蘇黎世大學進行精神醫學的研究，並擔任講師，主講精神心理學，講授內容也包括佛洛伊德的精神分析。七年之後，榮格才第一次見到了佛洛伊德，雙方整整交談了十三個小時，聊得如痴如醉，把等在一旁的兩位夫人都忘了。

雖然與佛洛伊德結下了師生之緣，但是榮格對潛意識說始終持懷疑態度，佛洛伊德有如父親一般的權威也讓他無法接受。在來往期間，佛洛伊德還常常用物質主義來回應榮格對靈魂學的詢問，甚至無端責難榮格的個人特質，這也成為兩人最終分道揚鑣的導火線。一九〇九年，榮格正式宣布從佛洛伊德學派脫離。

自此之後，直到一九六一年六月六日逝世的五十年間，榮格一直致力於分析心理學（又被稱作原型心理學或榮格心理學）的建立和發展，對心理學的發展貢獻良多。

▶ 人格結構論

在分析心理學體系中，人格作為一個整體被稱作心靈(soul)，榮格認為它由意識和潛意識組所組成。雖然和佛洛伊德一樣，榮格也認為其中的潛意識非常重要，但是對於潛意識的特徵，榮格卻提出了和佛洛伊德不同的解釋。佛洛伊德認為潛意識單純為個人所有，而榮格則設想潛意識包含有個體潛意識和集體潛意識兩部分。

個體潛意識是潛意識的表層，它包含一切被遺忘的記憶、知覺以及被壓抑的經驗。個體潛意識曾經是意識或曾被意識到的、只是後來受壓抑而儲存在了大腦深層，它主要形成於嬰幼兒期，並以「情結（complex）」的形式表現。

集體潛意識則是榮格最偉大的發現，它是指人與生俱來、類似

於本能的知覺、情感、行為等心理要素，制約和推動著個體行為和社會文明。榮格發現精神病患往往具有同樣的幻覺妄想，和一些神話寓言也不謀而合，而這和他們的文化程度並沒有關係。由此榮格得出推論：人在潛意識具有相同的部分，它是自古積累在人類心靈底層、普遍共有的本能和經驗的遺存，不僅包括了生物學意義上的遺傳，還包括了文化歷史上的文明的沉澱，並以「原型(archetype)」的構成存在，是一切心理過程必須事先具有的決定性因素。

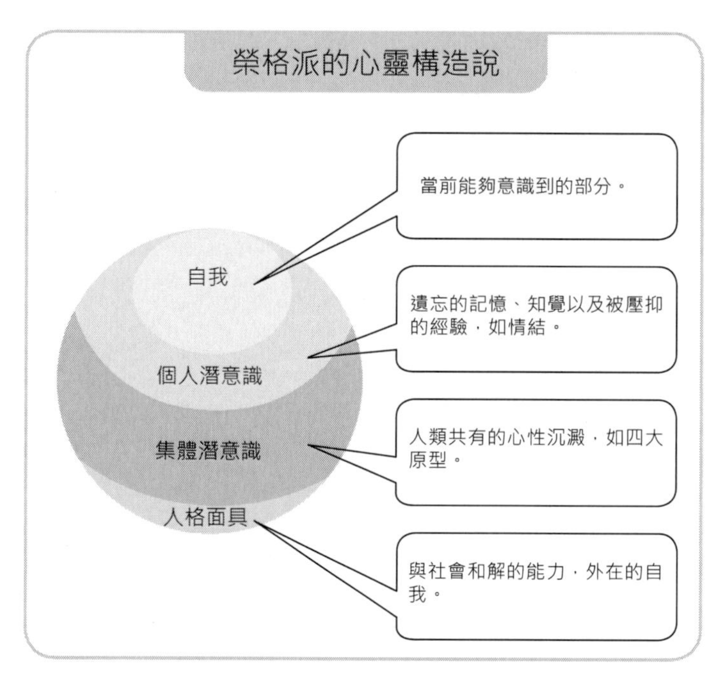

▶ 潛意識的四大原型

原型是遠古以來人類所繼承的共同心理部分，在全世界任何地方都能找到。雖然不是每人都具備所有的原型，原型對每個人也不是都有相同的效應，但某些原型對生命全期有至關重要的作用。在眾多原型中，榮格主要研究有四種：

1．人格面具（Persona）：潛意識中所具有的、能使人根據不同情景調整自身角色的能力，它是與外部環境協調的產物，是故意展現出來的自我。比如說，醫生會被要求理性思考、冷靜的觀察力、溫和的接待方式，而公司的老闆則會被要求為威嚴的態度、沉穩的舉止、充滿智慧的言談。可以說，人格面具和本人的性格沒有關係，而是被潛意識要求展現出來的形象。

2．異性原型（Anima & Animus）：即阿尼瑪和阿尼姆斯，前者是指男性心靈中的女性意象，後者指女性心靈中的男性意象，所以也被稱作「兩性意象」。它的基本功能就是引導人們選擇伴侶並建立關係。男女之所以相互吸引，就是因為他們將異性意象投射到戀人身上，並且相互適應。阿尼瑪使男性具有女性氣質，並提供男性與異性交往的模式；同樣阿尼姆斯使女性具有男性氣質，並提供女性與異性交往的模式。

3．陰影（Shadow）：與人格面具相對應，是人格中最深入也最黑暗的部分，蘊藏著人類的動物性也是所有原型中最多的，常以妖魔、鬼怪或仇敵的形象投射出來。比如說，善良溫順的人會持有與之相反的、邪惡有攻擊性的人格傾向，而這一原型也被稱為「同性原型」。它會產生無限膨脹的貪婪慾望，使我們無法認清情勢，以致做出愚蠢的判斷。

4．自性（Self）：包含其他所有原型的原型，是整個心靈的核心。它的結構穩定有序，協調人格的其他組成部分並整合為一個和諧的整體，賦予個人生活的意義，為人格發展確定方向。基於它構成的整體人格被榮格稱為「自性的實現」，意味著人格的起源和終極目的，是一個與自我相對應的概念。

第 3 節　窺視心靈的夢

現在我們已經知道，夢是為了滿足現實世界無法滿足的慾望而產生的。比如說：在夢中你突然擁有了一直想買，卻因囊中羞澀而沒有買的名車；在夢中一直抱有好感的異性突然對你告白；在夢中去世的親人一如往昔和你幸福地生活著。但很多時候夢也不是這樣直接反映出人的慾望，而是經過改裝的形象表現出來，因此夢一直是心理學研究的重點。若要真正地瞭解夢，就必須從它生理上的成因入手。

▶ REM 睡眠和 NREM 睡眠

人入睡之後，腦部也進入睡眠狀態，但並不是整個腦部都在睡覺。睡著的是大腦皮質、視丘（間腦中最大的卵圓形灰質核團）的一部分。下視丘、中腦、腦橋、延髓依然保持清醒。但即使是沉睡的大腦，也並非總是維持熟睡的狀態。

一九五三年，美國心理學家阿瑟林斯基（E. Aserinsky）和克雷特曼（N. Kleitman）共同提出了一個有關睡眠的新學說。在報告中，他們將睡眠分為兩種，即 REM（Rapid Eye Movement，即快速動眼睡眠）睡眠和 NREM（非快速動眼睡眠）睡眠。REM 睡眠是淺睡，人處於 REM 睡眠狀態時，大腦皮質很清醒，仍然在控制全身的整體運作，身體處於休息狀態，血壓上升，呼吸也會加快，肌肉的疲勞會漸漸消失；而熟睡狀態的 NREM 睡眠則是大腦皮質進入熟睡狀態，身體處於鬆弛狀態，血壓下降，伴隨呼吸減慢，生長激素的分泌則會增加。

睡眠一開始是慢慢進入 NREM 睡眠的，然後轉入 REM 睡眠，雙方以九十到一百分鐘為一個循環週期來回交替。如果我們以標準的八小時睡眠時間為例，一晚上能出現四到五次 REM 睡眠。REM 睡眠時，由於大腦並沒有休息，所以醒來和做夢的情況比 NREM 睡眠多很多，人醒來後能夠回憶起的夢，一般也都是在 REM 睡眠時發生的。

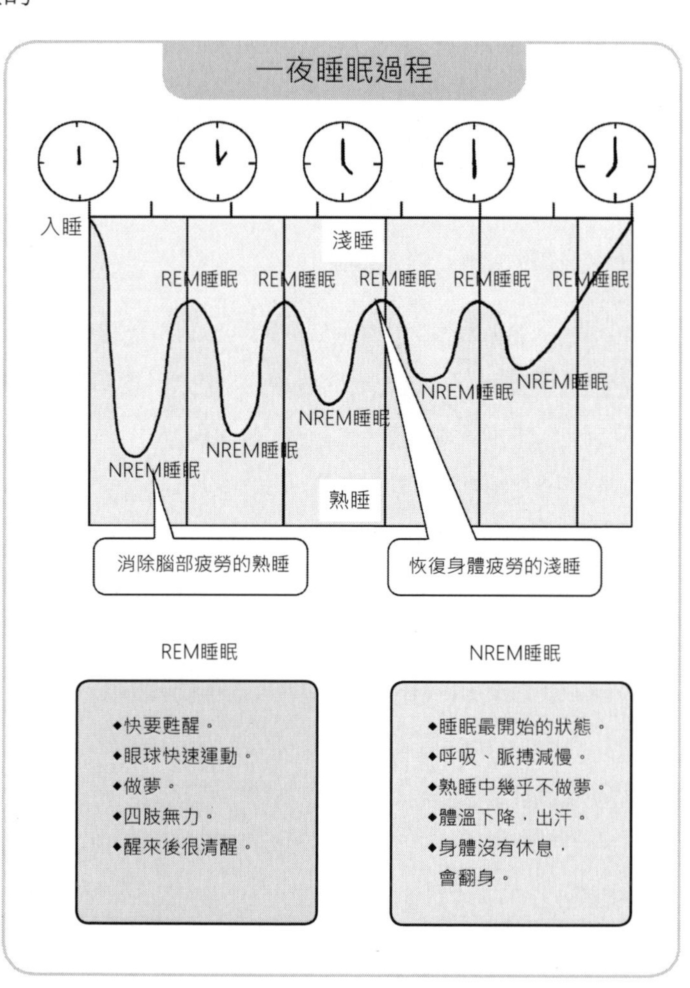

▶ 夢想型的夢與思考型的夢

很長一段時間裡，生理學界和心理學界都固執地認為，人只有處於 REM 睡眠才會做夢；然而，最近的研究報告卻表明，NREM 睡眠時人也會做夢。但兩者的區別是，REM 睡眠時所做的夢是「夢想型」的夢，NREM 睡眠所做的夢是「思考型」的夢。

所謂夢想型的夢，是指展現非現實內容的夢，在夢中經常會出現與自己沒有直接關係的人或物。這種夢和古老記憶的回憶緊密相關，所以能引出平時意識不到的記憶；而思考型的夢則是指在新記憶及與之相關物的基礎上，追尋現實思考的夢，擔負著整理新記憶的工作。比如說，解決最近的煩惱、解決最近介意的事情……都是思考型的夢處理的內容。

▶ 睡眠的守護者

「夢是睡眠的守護者」這一說法由佛洛伊德提出。人類必須保證充足的睡眠才能消除腦部和身體的疲勞，如果睡眠被妨害，就無法解除每日生活後的緊張，而導致心神不寧，甚至可能出現幻覺。夢能夠阻止妨害睡眠的現實事物發作，比如鬧鈴會被夢轉換成教堂鐘聲或警鈴，尿急時也會相應地夢見找廁所。

從精神分析的角度看，夢的意義就在於透過滿足人潛在的慾望，排除干擾睡眠的心理刺激，使睡眠平穩。如果沒有夢，那麼在入睡之後，自我的監督作用消失，本我中不斷湧現出大大小小的慾望就會讓人無法安睡了。可見對普通人來說，透過夢來滿足不能實現的慾望，保持內心世界與現實的平衡是評價心理健康的重要指標之一。

根據現有研究的結果，我們知道任何人、甚至包括許多高等動物（諸如貓狗）都會做夢。雖然也有一些人聲稱自己不做夢，但那只不過是因為醒來後夢被立刻遺忘的結果。從某種意義上說，夢不僅不像許多人誤解的那樣會干擾睡眠，反而是守護睡眠、促進健康的存在。

胎兒型

蜷作一團，如在母體中的胎兒，自我防衛的本能較強，易封閉，依賴性強。

王者型

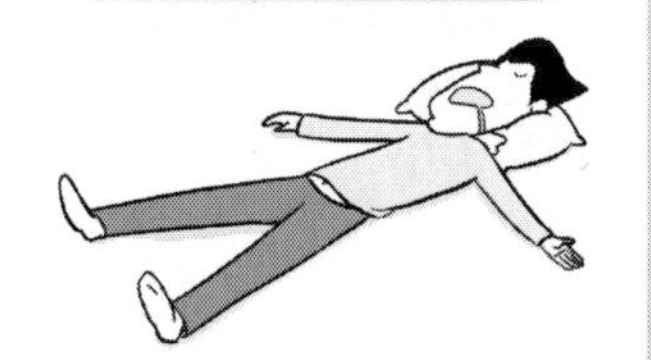

面朝上仰睡，持有極強的自信心，人格穩定而開放，待人接物非常有個性。

側臥型

倒向一邊，腿部稍稍彎曲，傾向於保護內臟，平和淡定，能給人安心感。

俯臥型

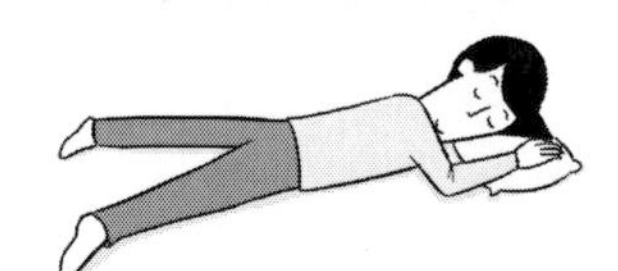

趴著睡，自我中心，支配慾旺盛，處事非常認真，愛鑽牛角尖。

抱物型

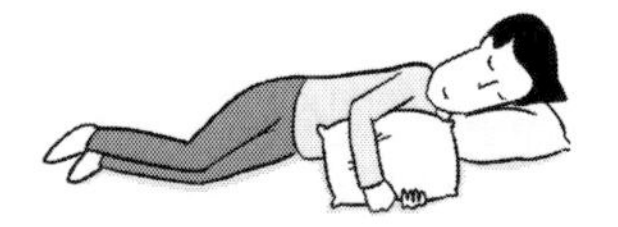

必須抱著東西才能入睡，對無法實現理想的現實抱有不滿。

斯芬克斯型

也稱「獅身人面像型」，身體呈拱形，兒童常見的睡相，易發神經質和失眠症。

第 4 節　夢的解析

夢和其他現象不同，既真實又虛幻，且不可能兩個人同時觀察，因此從古至今一直具有濃厚的神祕色彩。千百年來，人們一直努力尋找能夠分析夢的方法，像《周公解夢》，就是古人流傳的解夢之書。但是礙於科學條件的制約，古人對夢的解釋還停留在臆測階段，直到心理學發展興盛之後，對夢才重新有了全新的認識。

佛洛伊德的夢解析

佛洛伊德是嘗試用科學的方法分析夢的第一人，再加上他各式各樣的臨床案例分析，一九〇〇年，佛洛伊德的名著《夢的解析》(Die Traumdeutung) 完成了。

《夢的解析》排除了主觀的看法，而保持了重視客觀性的研究方針，具體來講，該書的重點是做夢者本人的聯想和象徵解釋，而不依賴於研究者的聯想和靈感，其核心是從夢中讀取人被壓抑的慾望。

當人的潛在慾望因不符合自身道德觀，且不為社會所容時，連自己都會覺得厭惡，潛在思考就有可能透過改裝的事物出現在夢境中。比如說，處於性器期的小男孩因為依戀自己的母親，通常會對父親抱有敵意，潛藏著想要讓父親消失的慾望。平時這種慾望受到道德觀和社會規範的約束，只能隱藏在潛意識中；但一旦到了夢境裡，它就轉化成類似揮舞利器或殺死小動物等「安全」形式。

因此在佛洛伊德看來，夢其實是隱藏在潛意識中的另一個自己，和幼兒期的性慾能量乃至生活經驗有著莫大的關係。夢中出現的事物通常具有象徵性，比如：皇帝象徵父母，落水象徵誕生，槍象徵男性生殖器，果實象徵女性生殖器，動物則象徵著性慾或是性

行為。可以說，夢中的一切都是圍繞著性慾的原點來展現。

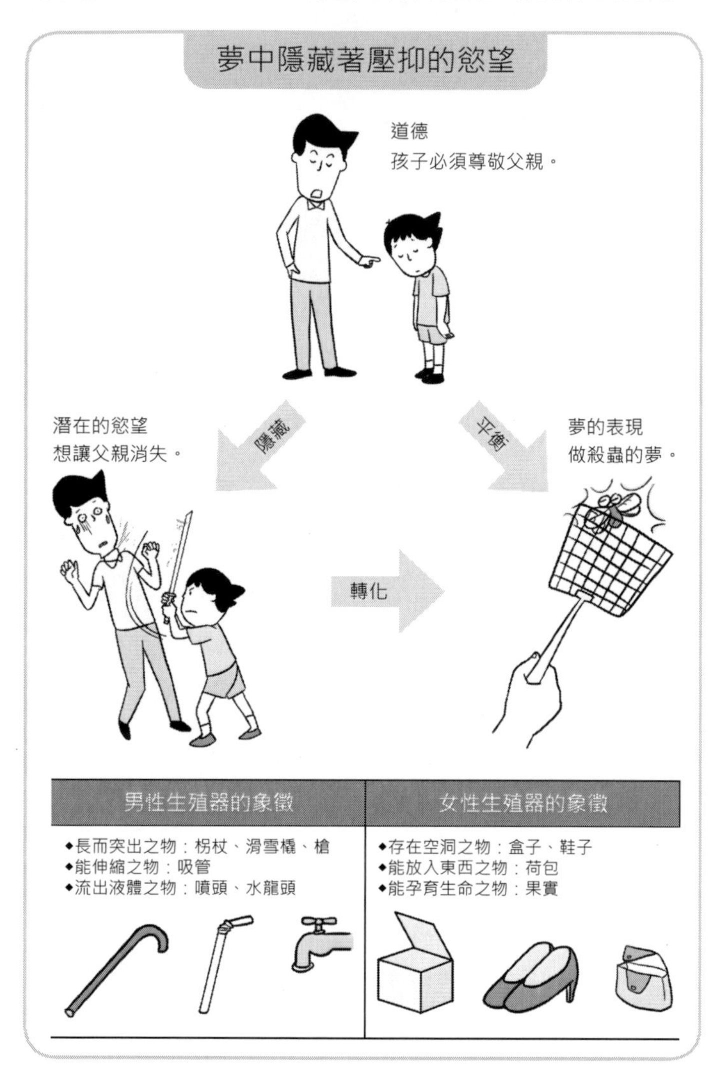

▶ 榮格的夢解析

佛洛伊德認為夢是潛在慾望的達成，是被現實世界壓抑的潛意識經過偽裝後的表現；而榮格認為，夢是透過象徵意義自然表達的潛意識內容。二人的共同點是認為夢是潛意識的表達，不同之處在於表達的方式是壓抑還是自然流露。

榮格認為，當某事發生時，眼前存在 A 和 B 兩個考慮要素，若人在意識中單單依靠 A 要素做出判斷，而無視 B 要素的話，B 要素就會在夢境中出現，並促使意識做出補償性的判斷。換句話說，榮格把夢看做是潛意識的一種解釋，是潛意識的自然流露，其作用是促使心靈恢復平衡，而不僅限於滿足經過改裝的慾望。

這就是所謂的夢的補償（compensation）說，榮格認為，如果一個人過分地發展自己的某一方面，夢就會提醒其注意到被壓抑的另一面。他曾經就此舉過一個例子：一位喜歡爭執的女士夢見自己去參加聚會，開門之後卻看到了牛欄。由這個夢可以看出，做夢者雖然平時剛愎自用、言行固執，但內心的另一面是謙虛的，它提醒這位女士，其平時的表現倔得像一頭牛。

在佛洛伊德看來，夢好像一個狡猾的流氓，拐彎抹角地說下流話；而在榮格看來，夢則是一位浪漫的詩人，用生動形象的詩句闡述心靈的真理，使人頓悟。

前文提過，在榮格的人格結構論體系中，潛意識被分成了個體潛意識和集體潛意識。這兩種潛意識都能引起潛在的願望，並在夢中自然表達，只是內容有個體和集體的區別。另外，對於能夠應驗的夢，榮格同樣將其視為潛意識作用的結果，這種看似「美夢成真」的夢，只不過是如實地描述了當前的心理狀態，並沒有預測的效果。比如說，自己在現實生活中很有進取心，就會夢到攀登高峰。

夢是潛意識的自然流露
個人潛意識
想要親近A男，於是A男出現在夢中。
集體潛意識
想要和不特定的男生邂逅，夢中會出現心中的異性原型。
應驗的夢
夢見朝著高峰攀登之後，在現實世界經過努力，考試獲得了優異成績。

專欄 14　一起來解夢吧

夢的解析

不管是以佛洛伊德的學說來解夢，還是以榮格的學說來解夢，夢是潛意識的慾望這一點都是確定無疑的。透過對夢的解析，能夠使人更瞭解、發現隱藏在內心深處的另一個自己。那麼生活中最常見的幾種夢，究竟都隱藏著怎樣的資訊？

飛翔的夢

飛翔的夢表示想要自由行動的慾望。自由自在地在空中飛翔，心靈和體力都得到充實，超越了現實的困難。但如果飛行中感覺下墜或是著地不善，則說明在現實世界飽受壓力困擾。

跌落的夢

跌落的夢表示在現實世界中，對失去或是失敗充滿不安與恐懼。考試有沒通過、戀人會不會要求分手、公司職位會不會易手......都是潛意識的自己正在考慮的事。

被追逐的夢

在夢中追逐我們的，通常是現實世界的社會法則、父母和性慾等。雖然很害怕被它們抓住，但其實也隱藏著想要被抓住的願望。至於這種夢具體代表什麼，需要根據夢中究竟是什麼東西在追才能確定。

解夢的要點

- 盡可能詳細地描述夢中的真實所見。
- 把從夢中聯想到的東西寫下來。
- 將夢和實際發生的事對照。
- 誠實地接受解析的結果，不為內心干擾。

在夢中見到的火災，一般象徵著現實世界中能夠一瞬間引發熱情的事物，本質上和火災的大小並沒有直接關係。另外，火還意味著擁有創造力或是破壞力。

性愛的夢通常被人誤認為主要反映的是潛在的、得不到滿足的性慾，但實際上比起性慾，它更意味著想要開始做一件新的事情，比如說投入新的創作。

一般在晚飯沒吃飽、肚子感到餓的時候會做這個夢。如果肚子不餓也做這個夢的話，則說明存在無法滿足的慾望，包括：性慾、名譽、權力慾、金錢欲等。

第 5 節　慾求不滿

每個人對於人生和生活都充滿了願望，但是滿足的人卻少之又少。因為人的慾望是沒有止境的，不管處於怎樣幸福的生活，也無法滿足全部的願望，一個慾望得到滿足的瞬間，另一個新的慾望就又鑽了出來，所以沒有必要對此悲觀。要知道，現在沒有滿足的慾望，正是你不斷向前的原動力！

▶ 人為什麼要向上看

針對人類的慾望，美國心理學家馬斯洛（A. Maslow）曾經提出過一個著名學說 —— 需求層次理論。他認為人的心靈作為一個整體，伴隨著人的成長在不斷地發展。而發展的動力來自於動機，它是由各式各樣的需求所組成，從基本的的生存需求開始，不斷向更高級的需求發展，構築起了一個類似金字塔的結構，從底層到高層依次是：①吃喝拉撒的生理需求；②尋求確保生命持續的安全需求；③尋求被其他人或集體接納的愛與歸屬需求；④被肯定和被尊敬的尊嚴需求；⑤展現自我的能力和開發無限可能性的自我實現需求。其中，最高級的自我實現需求是超越性的，在追求真、善、美的過程中，將引導塑造出最終的完美人格。

除了最基本的生理需求之外，其他四種需求都只能在前一個需求被滿足的情況下表現。馬斯洛將這種遞進式的層級關係視作需求的成長，與春秋時期的大政治家管仲的名言「倉廩實而知禮節，衣食足而知榮辱」能相互驗證。

▶ 發現人生的意義

當個人的慾望得不到滿足，就會隨之產生挫折感。適度的挫折有一定的積極意義，它如同苦口良藥，在短暫痛苦的同時，能趕走懶惰，促使人做出更大的努力，提高面對困難的意志力，並逐漸學會根據實際情況調整動機、追求和行為。

但值得注意的是，因找不到人生意義而引起的慾求不滿，即「存在性慾求不滿」。人一旦陷入這種狀態，對未來的展望和想要努力去實現夢想的心情就會消失，每日渾渾噩噩，並伴隨埋沒自己的傾向，本能地想要逃避責任。

關於這個問題，澳洲的精神醫學家法蘭克（V. Frankl）認為，對人來說，發現自己的人生意義並建立長遠目標非常重要，唯有這樣才能找到當前乃至將來的本質慾望，並在這種慾望的驅動下不斷前進。

第6節　情結

情結是指一種重要的潛意識組合，是隱藏在個體內心深處強烈的衝動。最早提出情結這一概念的，是德國心理學家齊漢（T. Ziehen），並於榮格在與佛洛伊德交流期間發揚光大。

▶ 嫉妒和恐懼的背後

榮格把情結形容成「潛意識的一個結」，現在一般認為它是在幼兒期的人際關係中產生。倘若情結產生時的情景重新被人意識到，人會本能地將可能引起某些痛苦和恐懼的記憶和觀念，並強行壓制在潛意識下，影響到個人的行為和心理活動。所以，情結在受到心理受創的時候比較多見，常常伴隨著嫉妒、恐懼、自卑、憎恨、厭惡、罪惡感等負面情緒。

每個人的內心深處都存在情結，像一心出人頭地、成為有錢人的慾望背後，往往隱藏著童年貧寒生活的情結。而如果這種情結並沒有被完全壓制，就會反過來成為促進慾望產生相應行為的動力。

▶ 過剩的情結

沒有造成現實傷害的情結，被視為普通人健康心理的多元變化；但如果是造成有害行為的過剩情結，榮格則認為是一種心理疾病。

過剩的情結會反制人格結構中的自我，使它的監督作用減弱，從而妨礙了人正常的發展，甚至成為引發精神官能症的主要病因之一。比如說，對深受異性歡迎的貌美同性產生了嫉妒之心，如果只是每天努力鍛鍊、美體塑形的話，那麼情結只是發揮了「前進原動

力」的作用；但如果發展到多次整形依然不敢出門，或是減肥過度引發厭食症，此時情結的作用則明顯過剩，對人的身體和心靈就會造成非常大的傷害。

我們必須找出心中過剩的情結，並在主觀上不斷強化自我的力量，以壓制它的不利作用，拒絕並超越它，把它限制在只能夠發揮良性作用的範圍，以避免現實傷害發生。

常見的情結

伊底帕斯情結
(Oedipus Complex)

即戀母情結，源於古希臘神話中伊底帕斯弒父娶母的傳說，是指男性內心懷有對母親關愛的強烈需求和依戀，因此在無意中隱藏著對父親的厭惡和憎恨。如果主體換成女孩，就成了戀父情結。

白雪公主情結
(Snow White Complex)

借用了《格林童話》中白雪公主的故事，指女性因為壓力而對孩子產生厭惡感，並透過體罰的方式表現。這種虐待行為還具有「遺傳性」，她的孩子長大後往往也會有虐待子女的傾向。

該隱情結
(Cain Complex)

源自《聖經》中，該隱因為嫉妒爭寵而殺害弟弟亞伯的故事，是指有弟弟妹妹的人，因為想要獨占父母的愛，經常會對弟弟妹妹抱有敵意和競爭心，並企圖吸引父母注意。

蘿莉塔情結
(Lolita Complex)

源自倫理小說《蘿莉塔》（Lolita），形容成熟男性對幼女的愛戀，但是從精神層面上看，這種對朝氣蓬勃的生命的愛憐飽含著強烈的占有慾，同時也是懼怕衰老和死亡的表現。

第 7 節　感情

心理學認為，情緒是傾向於個體基本需求上的態度體驗，而情感則更傾向於社會需求上的態度體驗，二者結合就組成了人對外界刺激所產生的心理反應 —— 感情。

▶ 恐懼，保護生命的感情活動

試著回憶一下，當你感覺到「好可怕」的時候，是不是會立刻反射性地向後退去？這就是恐懼感的作用，為了讓人避開危險，它會促使身體向後退去。

每個人身上都帶有理性思考無法壓制的恐懼感，它一般被認為是人最早產生的感情之一，是人類生存的必需品。恐懼能夠使人直覺上發現迫近的危險，並對其保持警惕，如果威脅繼續存在或不斷增加，就會發展為難以控制的驚慌狀態，如心跳劇烈、口渴出汗和神經質發抖等。

恐懼是一種比理性思考更快傳遞給身體的本能，它在壓力環境中表現得尤為明顯。如災難發生時，很多遇難者都是因恐懼而擠在一起，卻錯失了倖免於難的生機。所以當恐懼事件將人們聯繫在一起時，必須要努力地讓自己保持冷靜，經理性思考後方能行動。

▶ 感情是後天習得的嗎

一九二〇年，行為主義心理學家華生進行了心理學史上一次著名的實驗。該實驗直觀地展示了一個只有九個月大的嬰兒形成恐懼感的全過程。

華生先是將一隻老鼠放在嬰兒身邊，小男孩起初並不怕老鼠，可是華生隨即用一把錘子在他腦後敲響一根鋼軌。聽到這一聲巨響時，嬰兒猛一打顫，躲閃著要後退，看上去很恐懼的樣子。經過兩個月的淡忘期之後，華生又重複了這個實驗，把老鼠放在嬰兒身邊，鋼軌立刻在其腦後震響。經過了好幾次這樣的重複，嬰兒最終形成了完全的恐懼條件反應：對老鼠、和一切展現在他面前的毛茸茸的東西都感到恐懼，哪怕這時候並沒有任何敲擊鋼軌的聲音。

這個實驗受條件反射學說的影響很深，充分證明了人的感情可以透過後天學習獲得。華生認為，如果狗可以透過訓練建立條件反射，人也會有類似的情況，而出現條件感情反應。

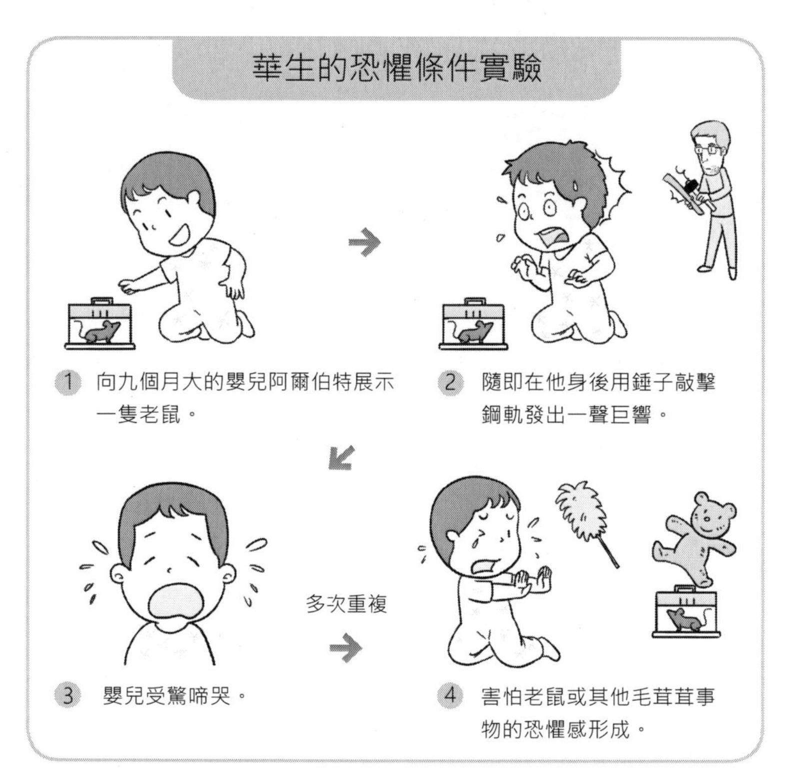

成長的過程，實際上也是一個不斷學習感情的過程。比如說很多小時候被狗咬過的人，長大之後見到狗還是會覺得恐懼；曾經有過溺水體驗的人，往往對水感到恐懼而不敢游泳。也就是說，人的感情往往與過去的人生經驗和內心感受有密切的聯繫。

▶ 腎上腺素引發的感情

在擠得跟沙丁魚罐頭一樣的公車裡，你是不是覺得煩躁不安、心神不寧？從生理學的角度來講，人的憤怒以及不快感都與腎上腺素的分泌密切相關。腎上腺素是由腎上腺髓質分泌的一種激素，在壓力狀態、內臟神經刺激和低血糖等情況下，釋放進血液循環，升高血糖並促進脂肪分解，引起心跳加快。

與寬敞汽車裡的乘客相比，擁擠公車裡的乘客尿液中，腎上腺素的含量明顯更高，說明人也會相應地表現出煩躁、憤怒等不快情緒。和女性相比，這個現象在男性身上表現得尤為顯著，在狹小的空間裡，男性會本能地感覺到個人空間被侵害，而變得有攻擊性。即使在日常生活中，男性朋友之間也是傾向於保持身體距離。所以在男性成員較多的場合，注意留出足夠的空間，是促進集體融洽的有力方法之一。

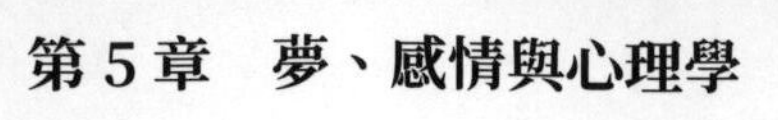

第 6 章

社會、團體與心理學

第1節　資訊

資訊是以各種媒介傳遞的事物現象及其屬性標識的集合，我們所見所聞的外部刺激乃至內心所想都是資訊。網路、手機通訊等新興媒介相繼出現，標誌著人類社會已經邁入了資訊時代。

▶ 都市人為什麼冷漠

徜徉於繁華的街道，映入眼簾的是各式各樣的路標、商店招牌；穿梭在城市之間，總有數之不盡的公車、站牌廣告鑽進視野；接聽電話，傳來的也許是熟悉的聲音，也可能是千奇百怪的推銷；打開電視、電腦，說不定螢幕上布滿了明星緋聞和置入性行銷……可以說，資訊已經無孔不入地滲入到生活的各個角落，我們正處於一個資訊爆炸的時代。

然而遺憾的是，如果依靠認知系統來處理所有接觸到的資訊，必然會損失掉絕大部分的生命能量。如此一來，每日必須完成的「正事」，如工作學習、家庭生活、休閒娛樂等就難以為繼了。

那麼該如何應對它呢？每日大門不出、二門不邁地關在家門裡，倒是能和外界資訊隔絕，但長期與社會生活無緣，會大大危害心理健康。因此對正常人來說，潛意識地規避過量的資訊，就成了適應資訊社會的良策。

我們經常聽到都市人比較冷漠的說法，其實這種現象的真實原因，是都市裡的資訊遠比鄉下多很多。都市人本能地與鄰居保持必要的距離，減少與同事的關係，對別人的求助採取了漠然的態度等，只不過是為了在巨大的資訊洪流中保護自己。

▶ 規避資訊的表現

總結起來，美國著名的社會心理學家米爾格倫（S. Milgram）認為人類規避資訊的表現主要有四種：①盡可能短時間地處理資訊，常常獨立解決問題，即使不得不互相討論時，也只是向對方傳遞出最低限的資訊，以降低和他人的接觸程度；②無視不重要的資訊，對大部分跟自己沒有密切關係的資訊置若罔聞；③將責任推卸給他人，路上看見摔倒的老人卻覺得這是別人的責任，自己留下的垃圾卻等著別人來清掃；④盡可能少與他人接觸，比如說不留電話號碼給別人和住址等聯繫方式、不參加社會或公司舉辦的各種活動、LINE 總是愛回不回，不主動與別人聯繫等。

值得一提的是，雖然規避行為可以減少生命能量的消耗，但也容易遺漏重要的資訊，提高資訊的辨識能力也十分必要。

第 2 節　他人

我們每天都要接觸的外部世界，就是由數之不盡的「他人」所組成。對我們來說，他們絕大多數都是陌生人，然而其中卻有那麼一些陌生人，明明我們不認識，卻又覺得十分熟悉。

▶ 熟悉的陌生人

米爾格倫把這種不知道姓名、也沒打過招呼，卻因經常見面而覺得面熟的他人叫做「熟悉的陌生人（familiar stranger）」，他曾經做過這樣一個實驗：在上班高峰期間的月臺上，為等車的乘客們拍了一張照片；到了第二週的同一時刻，再把這張照片出示給該月臺已經搭上車的乘客，結果發現在地鐵裡，平均一人就擁有四名熟悉的陌生人。

熟悉的陌生人之間，通常會互相產生興趣，比起完全的陌生人來說，更像是親近的人，人們甚至會考慮對方是如何生活。因此雙方關係經常呈現出一種「等待相識機會」的狀態，而這種狀態真正變成現實的情況並不少見。

▶ 從熟悉的陌生人到熟人

因為某些契機，熟悉的陌生人之間也能夠迅速縮短距離。想像一下，如果你和對方一起遭遇災害或事故，是不是立刻會變成患難與共的朋友？事實上，當遇到危險而產生恐慌的時候，在身旁熟悉的陌生人的不斷鼓勵下而克服困難，最後變成朋友的例子比比皆是。比如大地震發生後，很多原本住得很近卻從未直接交流過的倖存者，在臨時安置站互相幫助安慰，才能避免大規模心理危機的爆發。

地鐵裡熟悉的陌生人

雖然從不相識，卻因為經常見到而產生了親近感，這就是所謂的「熟悉的陌生人」現象。

打招呼也能深化關係。

對覺得眼熟的人。

對簡單寒暄後的熟悉陌生人。

另外，如果雙方進行過簡單的交談，哪怕是打過招呼，之間的親近感也會進一步加強。在對待身邊噪音的調查中，心理學家們發

現，比起從未打過招呼、只是覺得眼熟的人，對哪怕僅僅是有過隻言片語交流的熟悉陌生人所發出的噪音，人們表現出了更高的包容度。也就是說，簡單的寒暄會促使這種模糊不明的相識關係變得清晰深刻。

專欄 15　匿名性催生的網路社會

在社會中與他人交往，自我展示是必不可少的內容，自己是怎樣的人，有什麼個人愛好，目前正在從事什麼工作，生活在怎樣的家庭環境中？透過對這些資訊的傳達，使對方能夠了解自己，並在交流中同樣得到對方的資訊，由此拉近了雙方的心理距離。

▶ 隨時代而來的社交方式

然而，資訊時代的到來，使傳統的社交方式發生了極大的改變。其中最明顯的變化就是，人們不必展現現實中的模樣就能夠順利地交流，即時聊天、部落格評論、FB 發言、論壇留言、手機簡訊……都能夠用自己的 ID（如網名暱稱）完成，從而形成了事實上的「匿名性」交流。

如此一來，現實社會中總是被各種立場左右而瞻前顧後的人們，紛紛找到了自由發表言論的新途徑。除了隱藏真實姓名之外，展現出與現實完全不同的另一個自我也成為可能，從性別、年齡、學歷、外貌，到工作、興趣、住址、家庭背景都可以隨心所欲地「自由變換」。

▶ 匿名性是一劑壯膽藥

美國心理學家津巴多（P. Zimbardo）做過這樣的實驗：分別讓蒙著頭和沒有蒙著頭的兩組受試者電擊女性，使其感覺不快。結果發現，蒙著頭的被試組電擊的時間明顯要長很多。這充分地說明了匿名性能使人變得大膽，比如說停放在鬧市人行道的腳踏車，總是比停放在社區內部的腳踏車更容易被偷走，就是因為鬧市的匿名度比社區內高很多。

網路社會的人際關係

在網路中·因為不必以真面目示人·所以人們都傾向於自由表達意見·但是很多情況下·自己認為沒什麼大不了的言論·往往會給他人造成很大的傷害。

匿名性

不需要展示真實的自我·也可以順利地交流·不必考慮現實社會的各種立場就能自由發言。

自我偽裝

在網上人們傾向於扮演一個與現實不同的自我·並以帶有偽裝的交往·滿足自己在現實社會不能滿足的慾望。

網路暴力

雖然不同於現實中的拳腳相加·但網路語言的傷害力不容小覷·匿名性使人忘記對方基本的隱私權和名譽權。

網癮

即網路依賴·上網者長時間沉溺在虛擬世界·扮演著另一個自己而不能自拔·甚至表現出另一種人格。

因為不必以真面目示人，所以人們都傾向於自由表達意見，但

是很多情況下，自己認為沒什麼的言論，往往會給他人造成很大的傷害；再者，因為看不到對方的樣子，無法讀取對方的表情，只能在文字層面理解對方，所以盲點無法避免。還有一些人，由於長期在網路上扮演不同角色，還可能產生雙重甚至多重人格，使得在真實的社會生活中遇到困境。

第3節　團體迷思

人是群居動物，社會生活的複雜性決定了人不可能以個體的方式單獨生活，而是根據不同的行為目的，結成一個個集體組織，即所謂的「團體」。心理學上將團體中普遍的心理活動稱為「團體迷思（groupthink）」，然而這種團體化的群體意識，卻並不一定是團體成員個人內心思考的真實總和。

▶ 團體的幻想

美國心理學家賈尼斯（I. Janis）經過研究發現，團體迷思最大的動力來源於不可戰勝的幻想。人們總是單純地認為，在以強烈的團結之心結成的團體中，每個人作為它的一分子都在努力，由此形成了對團體的規模和力量的錯覺，從而在團體活動時始終被樂觀的態度左右，甚至誤以為能夠戰勝所有險阻。

同時，不可戰勝幻想支配下的團體，對可能擾亂團體結構的反對意見容忍度不高，因此經常催生出團體的第二種錯誤迷思——全體一致幻想。在遇到危機時，即使有人發現了問題，並提出了反對意見，團體的其他成員也會表現出控制組織內部不同聲音的傾向。如此一來，團體對於外界正常的注意力被剝奪，應對新問題的反應也變得滯後，比如大企業病。為了避免這種情況，團體內部必須創造出能夠自由提出解決方案的氛圍，並時刻保持對團體幻想的警惕。

▶「法不責眾」的盲點

透過對很多群體性暴力事件的調查，心理學家發現充斥在其中的就是我們常說的「法不責眾」思想。大家都這麼做的話，自己也就不害怕了，在這種思想的操縱下，很多普通人也會在群體性事件中失去理性，表現出平時根本不可想像的殘暴行為。

在日常生活中，我們積累著大量的慾求不滿情緒，只是一直被壓制在潛意識中，而團體行為卻為這些情緒找到了宣洩口。另外，在由很多陌生人組成的團體中，個人的責任感會變得稀薄，由此也常常會誘發出不道德的行為。

所以，團體活動常常也被視作是極端的個人行為。當身處團體之中，對共同的對象採取了共同的行為，從而對「不只是自己，大家也一樣」的情況感到安心，而忽略了團體行為本身是否正確。

不懷疑多數人的正確性，一味盲從，就會不知不覺建立起價值判斷結構。然而比起個人的場合，這種團體化的判斷結構更容易驅使人從眾做出錯誤的事，闖紅燈、踩草坪、隨地亂丟垃圾就是最常見的例子。

專欄 16　少數派的力量

因為團體迷思的不良影響，即使在民主討論時，也會形成一種數量上的壓力，迫使個人採取與多數意見同調的態度，以求得安全感。

▶ 多數贊成不一定正確

我們可以思考一下，對於多數人投票贊成的結論，你是否會認為它理所當然地是最正確的選項呢？可惜的是，也許大多數人第一反應都會這麼想，但實際卻並不盡然。作為一個團體組織，自然也會有結構上的弊病。

首先，越是士氣高漲、凝聚力強、成員綜合素養高的團體，就越容易導致樂觀情緒，對反對聲音的壓制就越強，很難做到萬全準備或者最壞打算；其次，團體在思考過程中，通常會輕視倫理道德觀，一味地將敵人視作「惡」的象徵，與對方鬥爭時不惜採取違反社會法則的過激方法。

▶ 少數人也能改變團體判斷

在團體內部，少數人的意見雖然會受全體一致幻想的壓制，但是有時候也能改變多數人的意見，社會心理學家莫斯科維奇（S. Moscovici）把這種現象稱作「少數群體影響力（minority influence）」。以少數人之力影響全局，一般有兩種

辦法：

1. 霍蘭德策略：這種策略在自上而下的改變中比較常見，是針對過去曾對團體有過傑出貢獻的人而言的。這種人一般身處團體高位，能依靠自身的影響力得到團體的理解和認可，並做出改變。比如說新產品推廣，在眾多的備選方案中，由團體成員公認的領袖人物做出關鍵決策。即使實際操作遇到困難，他也能信心百倍地向眾人號召，尋求團體合作。
2. 莫斯科維奇策略：想要改變團體決定的，只是在組織內部中並不具有實權的「路人甲」。然而，雖然只是不起眼的小角色，但如果以堅持不懈的態度，將自己的主張反覆表達，也能讓多數人動搖，從而達到與霍蘭德策略相反，產生自下而上的改變。不僅如此，如果「路人甲」的意見確實取得成功，那麼以後再次提出異議時遇到的阻力會越

來越小。

專欄 17　旁觀者與援助行為

在生活中，我們常常可以見到這類讓人沮喪的新聞：耄耋老人倒地不醒或是街頭遭遇不法犯罪，周圍明明圍觀者甚眾卻無人施救，很多人因此就感嘆世風日下，人心不古。但是事實的真相究竟是什麼樣子的？下面，我們就以團體的眼光來重新審視這種現象。

▶ 喪失的責任感

對需要救助的對象持冷漠旁觀的態度，在心理學上被稱作「旁觀者效應（bystander effect）」。心理學家曾做過這樣一個實驗：請一位受試者進入某個小房間，房間裡有一個麥克風，受試者僅依靠這樣物品與外界某人交談。忽然麥克風中傳出淒厲的呼救聲，這時心理學家驚奇地發現，與交談者雖然素未謀面，受試者卻立刻表現出急於援助的樣子。

可惜的是，實驗結果會隨著討論人數的增加而改變。當參加討論的人只有受試者和外界交談者兩人時，受試者 100% 地會採取援助的行動；但隨著參加人數越來越多，形成了一個旁觀者團體，受試者「即使自己不管，也會有別人去管」的思想就開始抬頭，於是責任感漸漸分散乃至喪失。最終，受試者就採取了「事不關己，高高掛起」的旁觀行為，以至於出現團體越大、成員越多，援助行為發生的機率卻越來越低的現象。

▶ 逃避不了的責任感

如果將外界交談者換成受試者認識的熟人，情況就又發生了變化。不管是不是在多數人組成的團體中，受試者都會 100% 地採取援助行為。不僅如此，比起援助陌生人的情況，援助熟人的行為會更快地發生。當熟人陷入困境時，人本能的責任感會油然而生，置之不理的話必然引起內心痛苦，也就是我們平時所說的受到良心的譴責。如果是特別熟悉的朋友或是某一特定團體的成員需要援助，還會喚醒人們因「自己人意識」萌生的同理心，做出援助判斷所需要的時間也更短。

對困難者施以援助，而不考慮自己的利益是否受到損害，是一種利他行為。如果把它放到社會這個大環境下，則可以稱作是一種「親社會行為」。但是在這幾個援助實驗中我們看出，比起求助的陌生人來說，絕大多數人更傾向於援助那些曾經有過交集的、熟識的人。

基於這一事實，對熟人的援助與其說是純粹無私的利他援助，還不如看成是人們對於因放手不管而感到尷尬的本能厭惡。揭開利他行為的面紗之後，我們看到的依然是隱藏在其中的利己之心。

第 4 節　會傳染的恐慌

二〇一一年三月十一日，日本東北海域爆發了九級大地震，除了造成了重大人員傷亡和財產損失之外，還直接導致了福島第一核電廠嚴重的核外洩事故。然而，日本本土核輻射擴散的消息，卻使千里之外的中國爆發了一場空前的「鹽荒」，無數的超市、農貿市場食鹽短時間售罄，一時間街頭巷尾人心惶惶。

就像中國的「鹽荒」一樣，在社會生活中偶爾會因常識不足、交流不順，或刻意中傷、惡意煽動等原因，引起大規模的流言謠傳，事實上就是社會或個人內心不安的反映，卻極有可能演變成滾雪球般的惡劣後果。

▶ 火星人入侵事件

在電視時代來臨前，除了報紙，廣播一直是美國人接收資訊的主要媒介。一九三八年十月三十日晚，一個聲音在美國大地迴盪：「火星人入侵了！」霎時間數以百萬計的美國人尖叫著衝出家門，整個社會一片混亂。其實這只是大名鼎鼎的導演奧森· 韋爾斯改編的廣播劇 ——《世界大戰》，但不料節目的效果過於逼真，以致美國人信以為真，全社會都陷入極度恐慌中。

「火星人入侵」到底只是廣播劇，如果結合現實冷靜地思考，很容易就能發現兩者的矛盾點。之所以會引起恐慌，是因為人們一開始就喪失了內心的這一確認環節；當看到平靜如昔的街道，又產生了諸如「大家都去避難了」、「火星人已經把這裡封鎖了」之類的錯覺，這樣，外部確認環節也失敗了。美國社會心理學家坎特里爾(A. Cantril) 經研究發現，恐慌和感受性與文化程度也有一定關係，通常感受性強的人和學歷低的人，更容易產生恐慌情緒。

▶ 暗示 / 模仿與傳染

那麼陷入恐慌的具體過程是什麼樣的呢？心理學家們認為，在心理暗示的作用下，人對他人感到害怕的東西也存在一定的恐懼心理。不僅如此，這種不良情緒會如同漣漪一樣波及，使周圍的人都受到感染，從而使整個團體或社會都喪失了判斷力而陷入恐慌。

第 5 節　群體性事件

二〇〇五年八月三十日，美國紐奧良市遭颶風卡崔娜襲擊，然而這場本是天災的事故卻引發了一場人禍，滿目瘡痍的災區暴動四起，大量的商店民居被洗劫。究其原因，是因為人在強烈情緒支配下，很容易採取相似的極端行為，而引發群體性行動。

▶ 點火引爆的煽動者

生活在牧區的人都知道，牛羊群經常成群繞圈，周圍單一的牛羊也會漸漸捲入。當某一事件發生時，單純的旁觀者也是如此，情緒會受周圍人的影響而捲入團體行為中，這樣一來就產生了一個渦輪狀的影響力圈子。在這個圈子裡，自我意識減弱而同感力急速增加，使得社會約束力下降而攻擊性提高，就造成了反社會規則的群體性暴動，比如說群毆小偷、爭相搶奪他人失物等。圈子中央的人就扮演了點火引爆的角色，心理學上把他們稱為煽動者。

實際上，這種人原本就很具攻擊性，對社會抱有深刻的不滿，因此在事件中最早產生不良情緒並採取極端行為，最終扣動了暴動的扳機。

▶ 克制暴動的合作精神

心理學家明茨（A. Mintz）曾經做過一個實驗：在一口能夠從底部注水的瓶子裡，放置了數個鋁製圓錐體。但是瓶口很小，一次只能取出一個圓錐體，而瓶裡的水面會逐漸上升。在這樣的條件下，能順利取出圓錐體便給予獎勵，反之圓錐被水沾溼則施以處罰。

在實驗中，明茨發現受試者通常以自我為中心，會因互相競爭、互相妨礙而落於失敗；但是，如果受試者能夠迅速表達各自的合作之意，並採取互相合作的行為，則很容易把全部圓錐體都順利取出，從而實現共贏。比較著名的例子是美國的九一一事件。世貿中心遇襲之後，中心內的人們在狹窄的樓道裡一邊互相讓路，一邊有秩序地疏散。他們就是這樣依靠冷靜的合作避免煽動者出現，而順利逃生。

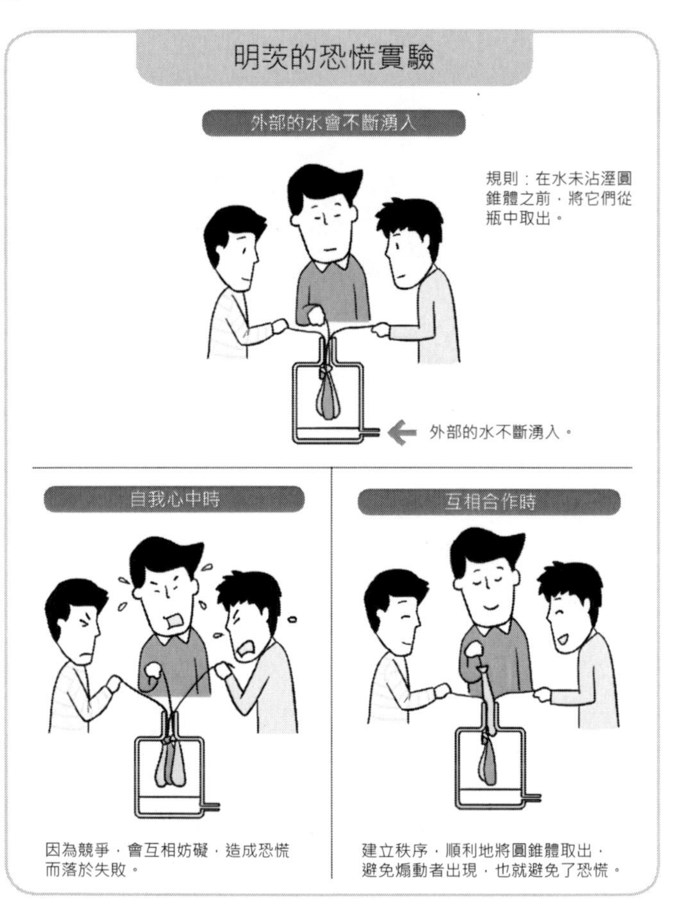

第 6 節　團體結構

俗話說「物以類聚，人以群分」，人一旦聚在一起，就會產生遠近親疏的關係。如果把人與人之間的體系圖表化，就可以瞭解團體的構造和內部作用力，這便是由以心理劇療法聞名的心理學家莫雷諾（J. Moreno）提出的社會計量法（sociometry）。

▶ 社會計量法

商界有一句話說「商務的根本在於醞釀期」，為了求得贊同的聲音，必須在事前準備環節下功夫。事實上，這種準備很大程度上取決於對團體內部力量關係的理解。依靠社會計量法的理論依據，我們可以試著來做一個實驗：在某一特定的團體範圍內，首先選擇出吸引自己的人以及想要選擇的人，接著再指出討厭、排斥的人，這樣是不是就得到了一張網路狀的社會關係圖呢？

在社會關係圖的基礎上，瞭解了團體結構，發現結構中需要改進的地方，從而使團體組織能夠更加順利運作。在關係圖中，誰是受歡迎的人、誰是被孤立的人都一目瞭然，就明白了如何才能促使團體行動。

▶ 團體形成的條件

在瞭解了團體內部力量結構之後，我們可以再回頭來看一看團體的形成。一般說來，團體之所以形成團體，主要需要三個方面的條件：

1．性格相似或互補：性格和態度相近的人很容易互相理解，並形成團體。另一方面，如夫妻或家族成員因為長年共同

生活，即使性格不同，但也已經形成了一種互補關係，使團體長期維持成為可能。

2．單純的位置接近：在同一個場所範圍之內的人，容易形成團體，比如說兒童和鄰居家的孩子，或者是幼稚園裡的同桌容易形成小圈子。

3．團體目標的引導：當對於團體的目標或發展方向很感興趣時，由此便產生了成為其中一員的強烈動機。加入團體之後，在從屬感的作用下，自身的價值觀和判斷力會受到團體規範的影響，經常會因此約束自己。

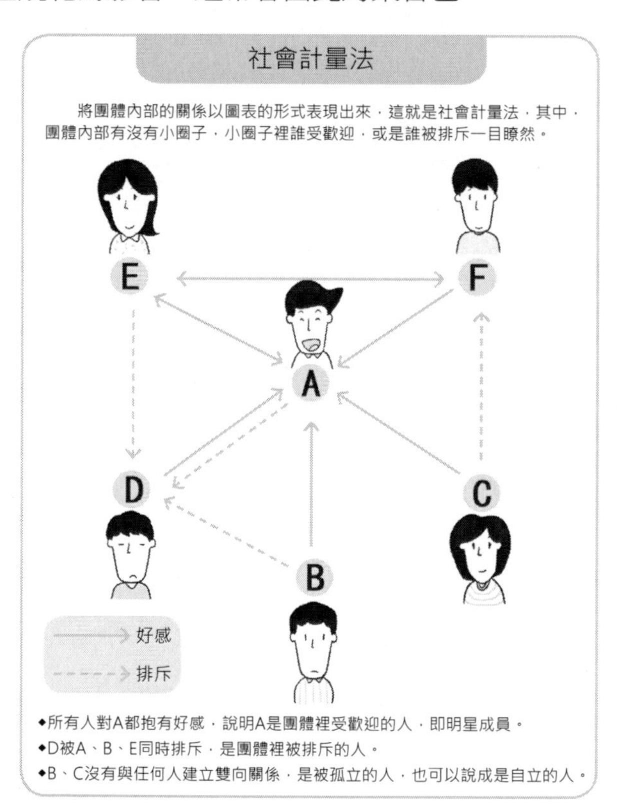

專欄 18　選擇最佳工作團體的結構

經過對團體內部人際關係的研究，心理學家勒維特（H. Leavitt）調查了不同團體結構的工作效率和滿意度，以 5 人小組為例，提出了各具特色的 5 種團體結構，那麼哪一種才是最佳工作團體呢？選出最適合你所在團體的類型吧！

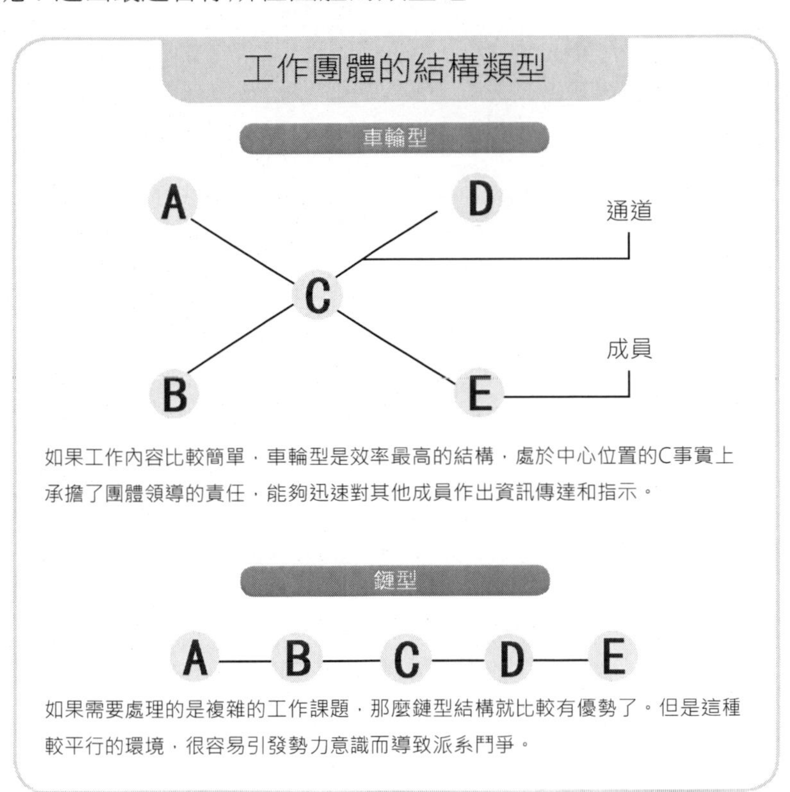

工作團體的結構類型

全通道型

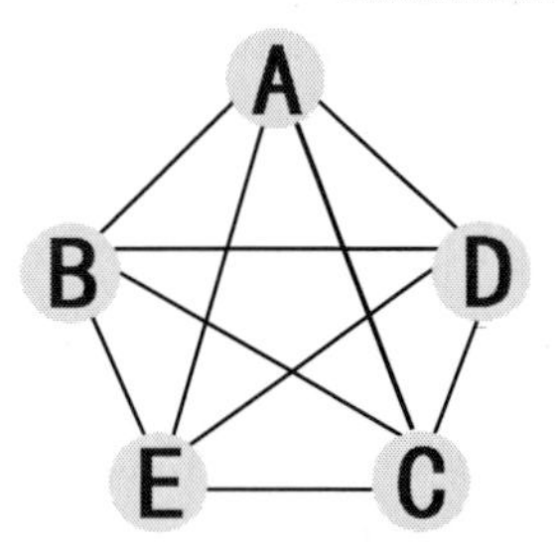

全通道型是資訊溝通最好、最適合單純作業的團體結構。以前，因為在實際工作中，不可能將資訊同時傳達給領導和其他成員，所以這種類型在很長一段時間裡只是一種理想化的結構。但進入資訊時代之後，通訊工具的進步已經使得這種結構得到了普及。

圓型

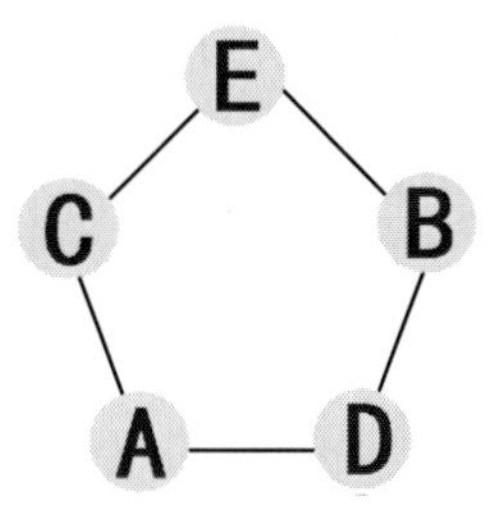

圓型結構中的所有成員處於對等的地位，領導缺失，又缺乏有效的溝通管道，因此效率和工作滿意度都很低。

Y型

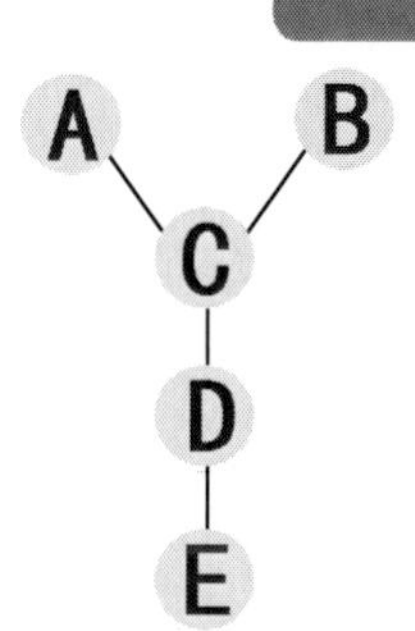

Y型是車輪型和鏈型的結合，中心位置的C雖然領導功能不足，但是能夠雙向傳遞資訊。

第 7 節　領導人

正如古時候帶兵的將軍一樣，在大部分團體中，也存在帶領整個團體組織行動的領導者。從很大程度上說，領導者作為團體領頭羊，其能力高低決定了團體整體的發展成績，甚至規模大小。

▶ 從環境中產生的領導者

領導者的能力不是憑空產生的，其任務和立場都是由環境決定的。舉一個簡單的例子，在某個小學班級裡，班導指定了一些很普通的學生擔任幹部；一個學期過去後，這些擔任幹部的學生通常會表現得比其他班級成員更刻苦、更好學，普通學生也很樂意與他們一起讀書。這充分地說明了即使曾經沒有領導能力的學生，在擔任了班級領導者之後，也會以領導者的樣子去行動，以維護自己在整個班級的地位。

不僅是學校，在職場也是如此，基層員工升遷之後，也會以管理層的方式來行動，很有可能從對薪水上調、工作量降低的訴求，轉變成對團隊管理、成本縮減的訴求。也就是說，當我們具備了領導者意識之後，就擁有了領導能力。

▶ PM 理論

從團體功能出發，將領導要素以圖表的方式表現出來的領導者類型，是日本教授三隅二不二提出的 PM 理論。

三隅認為，任何一個團體都具有兩種功能：一種是團體目標達成的功能，即工作績效（Performance），簡稱為 P。它包括計劃性和壓力等因素，要求領導者有一定的計劃和組織能力，能根據團體目標制定完成期限和成員職責範圍，並檢查執行情況等；另一種是團體組織維持的功能，即組織維持（Maintain），簡稱為M。它要求領導者對團體其他成員關懷體貼、滿足部下的需求、消解團體內部不必要的緊張感，以緩和工作中所產生的對立，並適當激勵，給下級發表意見的機會，刺激其自主性，強化成員的相互依存性，從而維護團隊的正常運作，保證團隊目標的順利實現。

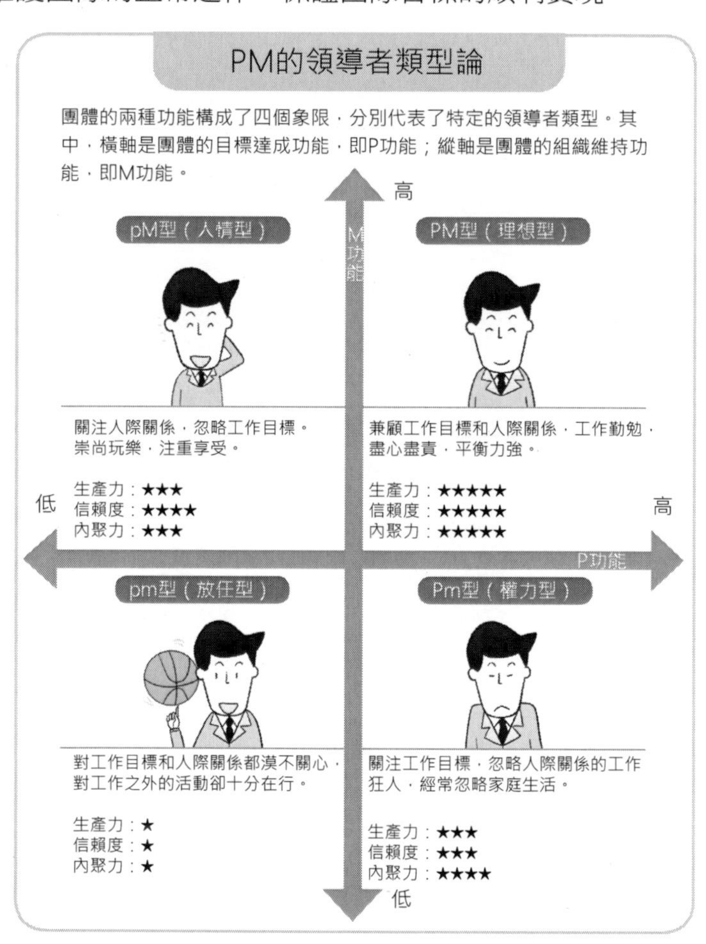

專欄 19　人力資源管理

處於團體高位的領導者在一定的環境條件下，計劃、組織、調配、控制和協調團體所擁有的人力資源（即所有團體成員），從而順利實現團體目標的過程，就是人力資源管理（human resource management）。

► X、Y、Z 理論

長久以來，人的本性有性善論和性惡論之分，美國心理學家麥格雷戈（D. McGregor）以此為依據，提出了兩種截然不同的管理理論——X 理論和 Y 理論。

X 理論是一種傳統的管理理論，它是建立在性惡論基礎上。領導者在管理團體之初，就已經將人定性為：天生好逸惡勞，會盡可能逃避工作；缺乏進取心，不願承擔責任；內心容易動搖，易受外界影響；自我中心，漠視團體需要；創造力和想像力不足，反對改革等「惡」的特徵。所以，領導者必須採取嚴格的獎懲制度和嚴密的控制體系，為了團體利益，應強硬地促使團體成員工作。

而以性善論為依據的 Y 理論則正好與 X 理論相反，它將人定性為：天生有工作慾，嚮往工作；在適當條件下，願意承擔責任；對工作目標能夠有效地自我指揮和自我控制；具有解決組織問題的豐富想像力和創造力；追求滿足慾望的需要與組織需要沒有矛盾等「善」的特徵。因此，如果以 Y 理論指導團體工作，可以將責權盡量分散，鼓勵團體成員參與自身目標和企業目標的制定，創造自由協商的氛圍，以啟發與誘導的方式代替 X 理論的命令與控制。

總而言之，X 理論立足於不信任人的立場，認為人本能地討厭工作，必須採取強制方法；而Y理論則立足於信任人的立場，認為人能夠自發地工作。事實上，人原本就不單單基於食慾、性慾等本能行動，也有努力被認可、實現個人理想的隱藏慾望。即使在沒有外界壓力（如命令、指揮等）的情況下，如果遵從這些慾望去完成工作的話，自然而然地就產生了責任感，並在其推動下發揮出潛在的能力。因此，為了發揮團體成員的力量，單純地強制命令是不夠的，刺激他們的隱藏慾望、提高他們的工作動機，才能使團體計畫順利落實。

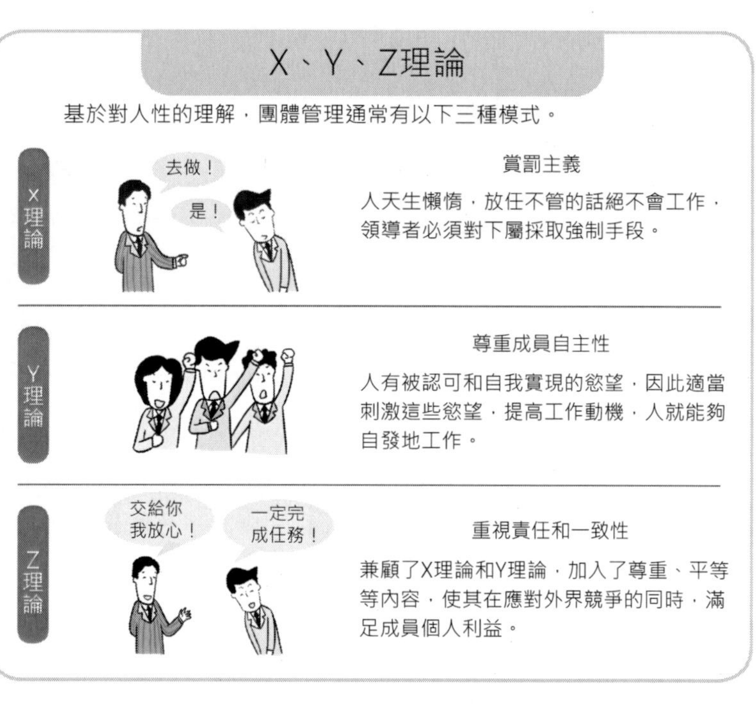

Y理論是對馬斯洛需求層次理論的巧妙運用，但在具體操作中依然有進一步提高的要求。一九八一年，日裔美國學者大內（W. Ouchi）在它的基礎上，將尊重、平等主義、人際關係等內容納入

進來，提出了 Z 理論：企業員工的僱傭應該是長期的，才能維持團體穩定；鼓勵各級成員參與計劃制定和任務管理；團體領導者與其他成員要保持融洽的關係；提供培訓機會，關心成員福利；全方位地考察任務落實情況等。可以說，Z 理論是一種既滿足外部競爭需求，又滿足各個成員自我利益的新型管理模式。

▶ 林格曼效應

德國心理學家林格曼（M. Ringelmann）曾經做過一個著名的拉繩子實驗：讓參加實驗的學生們獨自和分組拉繩子，以對比單人拉力值和多人拉力的平均值。實驗結果很奇怪：如果把單人拉力定義為單位 1，那麼，兩個人同時拉繩子時，每個人的平均拉力僅為 93%；增加到三個人時，這一數值降到 85%；四個人時則為 77%……而當八個人一起拉繩子時，此數值僅為 50%，也就是說每個人只用了一半力氣。

在拉繩過程中，儘管總體拉力增加，但每個成員施加的平均拉力反而減少，這個結果明顯和「人多力量大」的傳統認識不符。林格曼由此得出結論：當人們參加社會集體活動時，因團體中存在著巨大浪費，個體貢獻會隨人數的增加而逐漸減少，即所謂的社會閒散（social loafing）。我們可以用動機來解釋這一現象：當一個人拉繩子時，因為結果一目瞭然，責任無可推卸，所以便使出全力；而隨著人數的增加，每個人都會存在諸如「稍微鬆懈一下，反正其他人都在努力」、「肯定有人在偷懶，自己也別吃虧」等責任缺失心理，雖然每個人都以為自己的偷懶行為不會影響到全局，但實際上卻降低了整個團體的力量。因此在團體合作時，最好將任務細化，每人明確自己的責任，才能避免這一效應。

▶ 按勞分配與平均分配

以工作獲得報酬，是勞動的基本形式。從物質主義的角度來看，如果報酬實在太低，即使名譽、地位、社會貢獻等精神層面的滿足感再強大，也難免會大大削弱工作動機。

一提到報酬，就會涉及到分配的問題。傳說元太祖成吉思汗就很精於此道，每次戰勝歸來，並不是獨占戰利品或優先分給直屬軍隊，而是按照各支部隊在戰鬥中的表現區別分配，這種根據個人的貢獻程度分配報酬的方法被稱為「按勞分配」。與之相對的則是所謂的「平均分配」，這種分配和成員的工作情況不掛鉤，只是單純地給予他們同等數量的報酬。

事實上，人對於在工作中投入的勞力、知識、資金等要素有一定的自我評價，以此為基礎就產生了對報酬的期望。當報酬明顯低於預期時，下一次則會採取與此報酬相符的行為，即減少自己的投入。另外，倘若感覺到投入明顯低於自己的人獲得了相對較高的報酬，人的工作動機更會大受打擊，而使得工作效率嚴重降低。相反地，如果每個人都按勞取酬，則是另一番景象，報酬較少者的動機也會因刺激而提高。可以說，平均分配是一種滋生不公平感的分配方式，而公平分配則是一種有榜樣、鼓勵作用的分配方式。

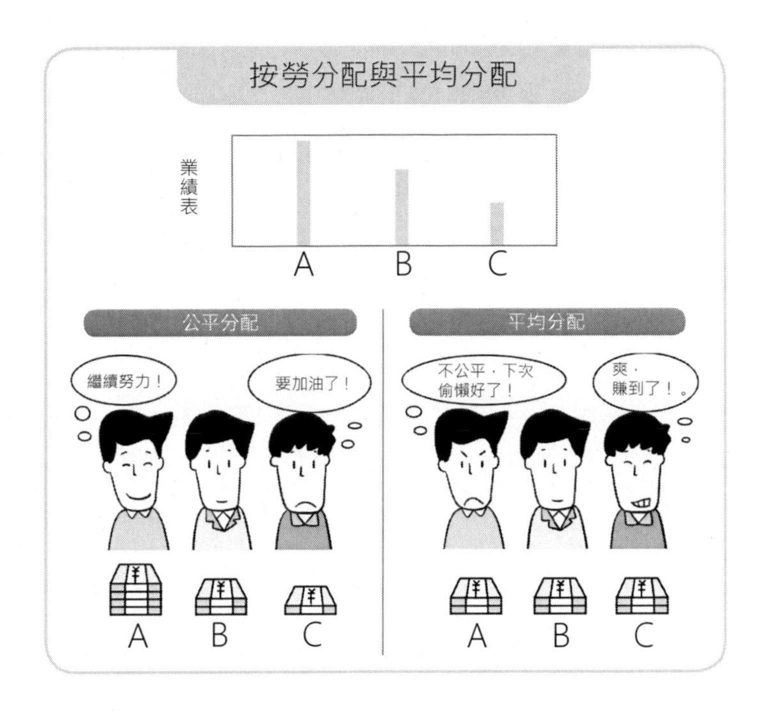

▶ 行動力的激素——宣言

不管在怎樣的團體之中，都存在缺乏鬥志的成員，這是他們責任缺乏、目標不明確的表現，很容易拖整個團體的後腿。如何提高這類人的動機，讓他們在眾目睽睽的環境中，針對自己的工作目標發表宣言就是一個很有效的辦法。

第二次世界大戰時，歐洲肉類食品嚴重匱乏，但人們卻沒有食用動物內臟的習慣，就此問題德國心理學家勒溫（K. Lewin）策劃了一次內臟推薦實驗：受試者皆為主婦，分兩組，一組參加營養學家的講座，學習烹飪內臟的知識；另一組則集中討論內臟事物的優點，並逐一上臺發言。結果發現，較之單純聽講座的被試組，上臺發過言的被試組在實際生活中明顯提高了動物內臟的購買率。

原來，個人確立的目標常常流於懈怠，但在公共場合發表宣言之後，必須按照宣言內容行動的心理就開始運作，如此一來就提高了行動力。在心理學上，我們把這種現象叫做「反認知失調（cognitive dissonance）」。像我們去商場超市購物時，推銷員常常會向我們提出試用的請求，實際就是一種使用反認知失調的方法。

第 7 章

交際與心理學

第 1 節　個人領域

碰到喜歡的人會不由自主地想要接近，而討厭一個人，即使表面看似若無其事，身體也會趨於退避。雖然親密程度各有不同，但不管怎麼說，無論對誰，人都會本能地保持距離。這種抗拒他人侵入的「距離」，在心理學上被稱作「個人領域」。

▶ 每個人都有「地盤」意識

在上班尖峰時段的公車裡，如果過分擁擠嘈雜，就很容易產生衝突，即使再近的路程，人也會趨向於不讓座；在教室緊缺的學校，占位子自習時，學生通常不會只占自己要坐的座位，還會占上一個擺書籍資料的座位；家裡有遠道而來的客人拜訪本來很高興，然而對方卻沒禮貌地翻箱倒櫃，原本的和氣也會蒙上一層陰影……這些事實都充分地證明了我們在潛意識中，會像動物守住自己賴以生活的「地盤」那樣，對侵入自己領域的人抱有一定程度的敵意。

關於人的領域意識，有這樣一個心理學實驗：請公共閱覽室裡的女性針對以下的情況做出選擇性回答：如果正獨自使用一張大的圖書桌，有陌生人突然坐到身旁，自己最可能採取什麼樣的行動？大約有七成的女性，都選擇了「三十分鐘之內會支起手臂，把頭轉向另一邊，逃離對方的視線」。更有 10% 的女性在這段時間裡選擇起身離開。

▶ 不可不知的人際距離

美國人類學家霍爾（E. Hall）將研究人類領域行為的學說稱作接近學（proxemics，或人際距離學），他認為與他人交往時通常會保持距離，雖然這種距離也有文化背景因素的影響，但主要還是由雙方的相容關係而產生的情感所決定。基於日常生活的現實考慮，霍爾將人際距離主要分作了親密距離、個人距離、社會距離、公眾距離四類。

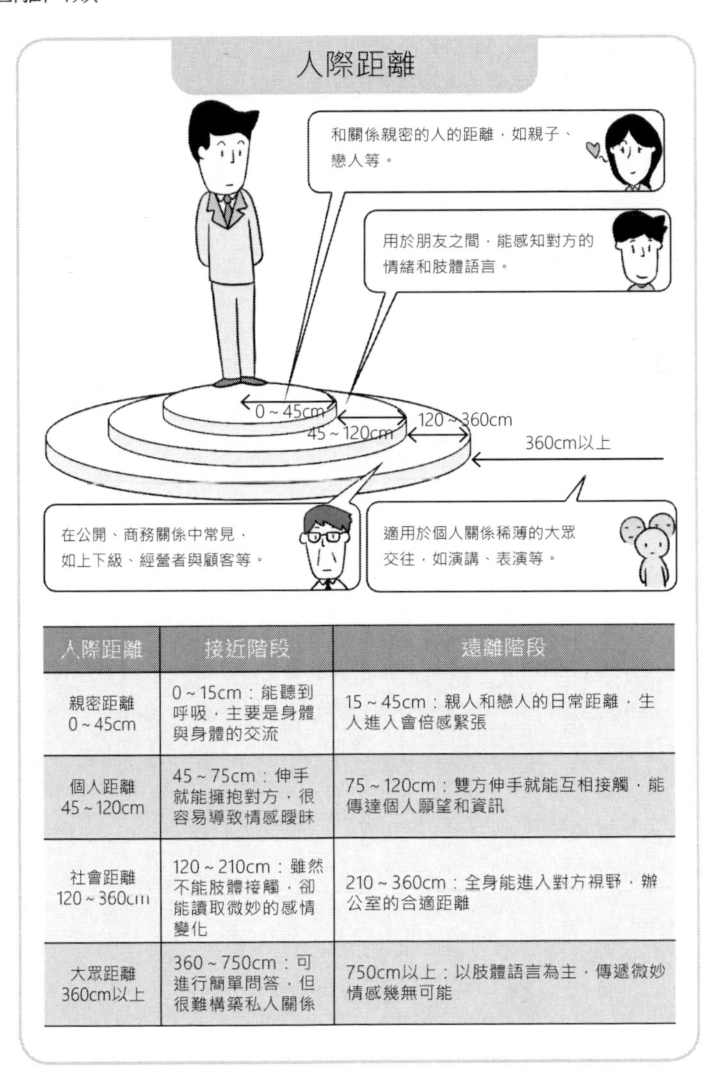

人際距離	接近階段	遠離階段
親密距離 0～45cm	0～15cm：能聽到呼吸，主要是身體與身體的交流	15～45cm：親人和戀人的日常距離，生人進入會倍感緊張
個人距離 45～120cm	45～75cm：伸手就能擁抱對方，很容易導致情感曖昧	75～120cm：雙方伸手就能互相接觸，能傳達個人願望和資訊
社會距離 120～360cm	120～210cm：雖然不能肢體接觸，卻能讀取微妙的感情變化	210～360cm：全身能進入對方視野，辦公室的合適距離
大眾距離 360cm以上	360～750cm：可進行簡單問答，但很難構築私人關係	750cm以上：以肢體語言為主，傳遞微妙情感幾無可能

▶ 個人領域與生理壓力

美國曾經做過以男性在車站廁所小便為主題的實驗，讓受試者分別以以下三種情況小便：①緊鄰有其他人正在小便；②隔了一個小便器，有其他人正在小便；③在沒有任何人的廁所小便。

結果發現：比起情況 2 和 3，在情況 1 的條件下，受試者不僅開始排尿的準備時間長，且排尿時間也要短得多；而情況 2 和 3 之間，則沒有表現出明顯的時間差別。

如果旁邊有其他人正在小便，人自感無法保證個人領域，產生的壓力會影響正常的生理節奏，導致無法正常排泄；而如果他人和自己保持有一定距離，即使共同使用廁所，生理上的變化也可以忽略不計。這種情況還突出地表現在緊挨著上司、同事一起小便，在廁所裡排長隊等待使用小便器等場合，都是因為感覺到個人領域受到侵害，使得生理現象產生異常。

不僅如此，在狹小的空間裡，團體的規模越大，對個體生理的影響也會越大。心理學家曾經調查監獄的在押人員，比起單人或雙人關押的牢房，關押有二十人以上的牢房的服刑者，普遍有罹患身體和精神疾病的傾向，比如說腰痠背痛、作嘔、出疹、便祕、胸痛易喘等。但對我們的正常的社會生活而言，在一定的空間之內，按各自所屬的團體角色互相施加壓力的情況不可避免。所以如果要順利拓展自己的交際圈，就必須想辦法減削這種壓力，才能縮短與他人的心理距離。

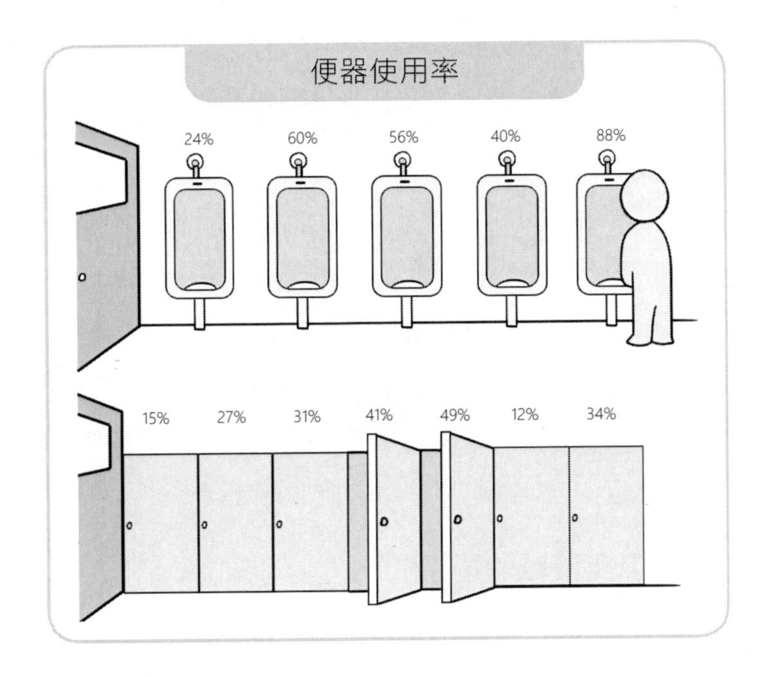

▶ 巧用握手戰術

明星在宣傳自己的新作時，通常會採取握手這種最低限肢體接觸的方式與粉絲擁躉們面對面交流。

有人設計過一個有三種情況的實驗，以分析初次見面的時候「握手」能帶給對方怎樣的個人印象。首先，蒙著對方眼睛，不說話只是握手，會被對方評價為溫暖、值得信賴、成熟、感覺敏銳等；接著，不說話不握手，只是讓對方看見，會被對方評價為冷漠自私、傲慢無禮、不受歡迎等；最後，蒙著對方眼睛，也不握手只是說話，則會收到有距離感、形式化、無打動力等負面評價。

實驗結果證明：即使是初次見面的兩人，如果以握手的形式進行肢體接觸，會削弱因互相侵入對方個人領域而產生的壓力，雙方

就會互相產生溫暖、可信賴的安心感，由此而拉近了彼此的距離。而在商業界，握手也是令合作方感覺「事情交給這個人沒問題」的戰術之一！

專欄 20　語言的距離

眾所皆知，日本是一個很熱衷微妙語感、曖昧語意的國家，日語的人稱令人吃驚地達到了幾十種之多，以至於從日本人互相的稱呼，就能夠明顯聽出彼此關係的遠近。世界絕大多數的國家雖然沒有日本這般誇張，但同樣也存在語言的親疏距離。

▶ 弄錯語言距離感的後果

想要傳達自己的意思、並且讓對方能夠理解，僅僅依靠單純的語言表達是遠遠不夠的，還要根據對象的不同使用必要的說話方式，甚至細微到遣詞造句都必須注意。但我們經常會在漫不經心的交談中，因為誤用了語言的距離，而使表達的意思產生了附加含義，讓對方感到不悅，兩人的交談最終不歡而散。

在與比自己地位高的人（比如說上級、老師）的交談中，不管自我感覺多麼親密，也不能隨隨便便地想說什麼就說什麼，特別是一些沒有尊重感的語言（比如說帶有嘲弄性質的玩笑話）絕對應該自我禁止；而對於家人或朋友，即使身處高位（如公司主管）或職業限制（如教師、醫生），也不能使用過於正式的表達，否則會給對方造成「冷漠無情」、「深藏不露，沒說真心話」等不良印象。

從本質上來看，語言的距離感是個人領域在心理感覺的延伸，當人感覺心理領域被他人的語言「入侵」時，也會按照彼此關係做出不同的反應。不過，如果為了達到拉近彼此距離的期望效果，我們也可以對他人採取適當的近距離語感。比如在推銷商品的時候，雖然對顧客的情況不太瞭解，但使用比較親熱的說話方式往往可以收到良好的回應。另外，心理學家們還發現，對於陌生男性的搭訕，即使好感全無，但如果他使用的是非常禮貌、溫柔的用語，女性也相應地會表現出樂意應答的傾向。

▶ 常見的口頭表達形式

常見的口頭表達形式

以常見的上司委託下級處理公務為例，來看一看常見的口頭表達！

命令型：拿去影印！	目的型：要影本！
抱怨型：還不把影本拿過來！	直接委託型：請把這個文件拿去影印一下。
意向確認型：把這個文件拿去影印一下好嗎？	提問型：有這個文件的影本嗎？
願望型：想要這個文件的影本。	描述型：拿去影印去再給我。
說話者事務型：我要用一下這個文件的影本。	聽者事務型：印好了嗎？

你眼中優秀的上司是哪一種類型呢？其實根據心理學的實驗證明，如果是對於並非特別熟悉的下級，想要委託其處理一些耗時耗力的事務時，意向確認型是最好的表達方式，效果甚至超過了直接委託型。

第 2 節　無聲的「語言」

根據榮格的學說，人通常戴著各種人格面具來演繹人生，因此很難完全真實地表達自己。這種現象在日常生活中的表現是，對於交際的直接媒介 —— 語言，人往往特別注重它的「包裝」，以至於說出違心的話，這是非常普通的事。然而，語言背後被壓抑的真實想法，卻能以其他無聲的方式表現出來，心理學上把它們統稱為非語言溝通（nonverbal communication）。

▶ 非語言溝通

雖然語言溝通非常直觀，一直被認為是交際的基礎，但是它傳達資訊的能力卻遠沒有人們想像的那般強大。而對於交際中傳遞資訊的能力，美國心理學家曾經做過深入的調查研究，發現即使是最樂觀的看法，在某一交際過程中，依靠語言傳達的資訊（即具體談論的內容）僅占全部的 35%，而剩下 65% 的資訊則是依靠非語言溝通的方式來完成。特別是在規模巨大的團體內部，語言溝通的作用會進一步下降，而一直被人們忽視的非語言溝通的作用，反而愈發變得舉足輕重。

那麼，非語言溝通到底是什麼呢？簡單地說，它是以肢體語言（即非言語行為）作為載體，即透過眼神、表情、動作和空間感等進行的資訊交流。它能表現個人內心壓抑著的真實感受，和個體許多難以用語言來形容的感情（包括情緒與情感）和感覺等。因此較之語言交流，這種無聲的交流更加真實可信。

▶ 感情與表情

人不斷重複著喜怒哀樂、愛恨悲愁，這些情感和情緒都是人對外界刺激的反應，被統稱為感情。事實上，想要定義感情是十分困難的事，心理學的歷史上曾經就此產生過很多種學說。

另一方面，將感情表現出來、並傳達給他人的身體變化被稱作表情。雖然它主要是依靠面部肌肉變化來完成，但也不排除身姿、手腳動作等面部之外的變化來實現。表情有跟隨意識運動的一面，即「自主運動（voluntary movement）」，也有對外界刺激壓力反射的不隨意識運動的另一面，即「不自主運動（involuntary movement）」。

自主運動的表情能夠透過學習和人生體驗獲得，同時受文化背景的影響也很大。致意或寒暄時，受意識控制而浮現的微笑，是不是也達到了用語言示好的效果呢？而不自主運動的表情往往超越了國家民族、文化背景，呈現出了普遍的共性。心理學家經研究發現，表現幸福、吃驚、憤怒、厭惡、悲哀、恐懼、輕蔑這七種感情的表情特徵，全世界所有人都非常相似。

非語言溝通

美國心理學家克耐普（M. Knapp）將非語言溝通大致分為以下七類：

分類	非語言溝通的載體
身體動作	體態、姿勢、表情、眼神等
身體特徵	容貌、頭髮、體型、皮膚、體味等
接觸行為	主要是身體與外界接觸的細節
近似語言	哭、笑、呻吟等，還包括聲音的高低和節奏
空間使用	和他人的距離、座位的選擇等
物品使用	化妝、服飾搭配、日常慣用物等
環境建築	裝潢風格、照明設計等

▶ 表情的假象

在交際的過程中，無論有意無意，人都會觀察對方的表情，並試著分析對方當前正在思考什麼。然而現實總是殘酷的，即使是特別親密的人的心理活動，我們最多也只能把握七成，關係疏遠的甚至連六成也到不了。也就是說，從表情一眼看穿對方的真實心理非常困難。

美國心理學家施洛斯伯格（N. Schlossberg）提出，如果將人類的表情視為如「愉快―不快」、「好感―厭惡」等二元對立結構，那麼眼睛和嘴也會隨之產生「張開―閉上」的二元表情。這種現象就催生了一個盲點，在日常生活中，雖然如「快樂、幸福」與「憤怒、悲哀」這樣二元、完全對立的表情我們很容易讀取，但是對於同元、相似的表情（如「輕蔑」與「吃驚」，「恐懼」與「憎恨」等），就不是那麼容易分辨清楚了。

請試著聯想這樣的情景：在輕鬆愜意的下午，你和辦公室的同事們一起聊天，你突發奇想講了一個笑話，大家頓時哈哈大笑。讓我們定格在這一瞬間，注意一下此時你的真實心理，你是否會想「大家是真的覺得好笑呢？還是把我當傻瓜」。不必自責，事實上這種矛盾的心理是可以理解的，它正是你無法完全正確地讀取微妙表情變化的最好證明。

▶ 打開心門的密碼

在人際交往中，由於人可以有意識地控制語言內容、面部表情等資訊載體，所以雖然它們比較直觀，但經過了層層掩飾，已經沒有多少值得分析的價值；而真正能夠打開對方心門的，恰恰是非語

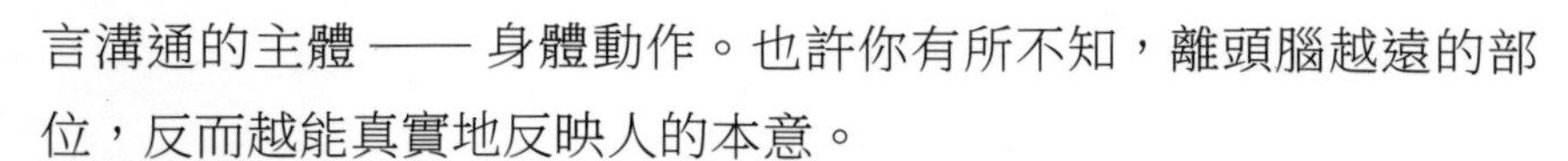

言溝通的主體 —— 身體動作。也許你有所不知，離頭腦越遠的部位，反而越能真實地反映人的本意。

當這些「肢體語言」表達真實心理時，當事人往往並不自知。就像我們在與人聊天時，會不自覺地時而做手勢，時而抖動腿，時而頷首，時而後退……心理學家發現，當人說真話的時候，身體會趨近對方；反之，當人說假話的時候，身體將離開對方較遠，並伴隨著肢體活動的減少，唯有笑容反而增加。

常見的口頭表達形式

手指敲桌子

表示無聊或者對話題已經產生了厭倦感。

撫摸下巴

表示正在仔細斟酌著某一問題。

用手托住臉

表示希望得到他人的愛與擁抱。

雙手交叉

表示正感受到挫折或是對對方有防衛情緒。

視線朝下

表示對所見所聞有所懷疑或不信任。

以手掩口

表示心虛或者隱瞞了某些真實內容。

抖腿

表示出知足而又自私的傾向，很少考慮別人。

交叉腿站立

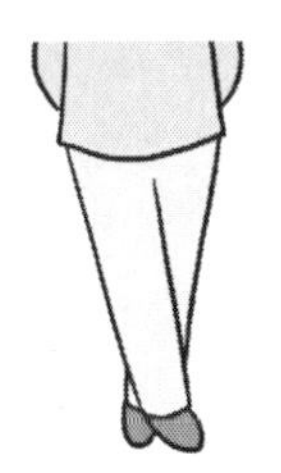

表示缺乏自信，緊張不自然或是對環境陌生。

腳踝互鎖

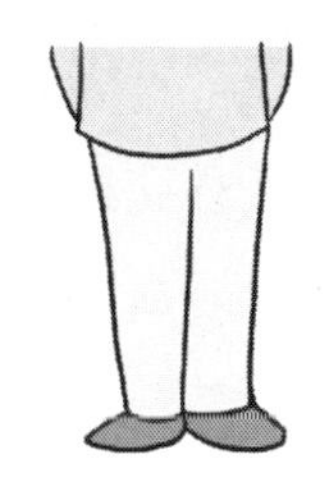

表示在壓力之下的自制和警覺。

專欄 21　看心要會看眼

俗話說「眼睛是靈魂之窗」，眼睛除了獲得外界反射的光線以外，還能表現出人的豐富感情。事實上，眼睛之所以能夠傳神，常常是依靠瞳孔的放大和縮小、眼球的轉動、眼皮的張闔程度以及目光凝視時間來體現。

▶ 瞳孔中映現的真實

研究發現，人的心理活動和瞳孔的變化關係密切。令人厭惡的刺激能使人的瞳孔收縮；而令人愉快的刺激會使瞳孔擴大，特別是當人興奮和激動時，瞳孔甚至會擴大到平常的三到四倍。可以毫不誇張地說，瞳孔的變化是心理活動系統的外在顯現。

據說許多從事推銷的人都能透過消費者的瞳孔變化，判斷出他們是否有購買意欲。比如說在上門推銷時，對方雖然嘴上拒絕了，但如果瞳孔放大，則說明對方實際有購買慾望。當然，由於黃種人眼球虹膜的顏色比較深，與瞳孔區別不大，所以在光線昏暗的環境下要看清瞳孔的變化並不是十分容易。

▶ 視線與人格

對於社會交往，視線往往發揮著與語言同等重要的作用，時常能反映對方真實的人格。比如說在面對面交流的過程中，如果交談對象與你目光對視的次數很多，說明對方對親和慾望（即想要和他人在一起的意願）的需求較高；如果交談對象直直地盯著你，說明對方有很強的支配慾；如果一邊看你一邊說話，則說明對方對周圍環境比較關注，容易受到外界影響或者具有很強的依賴心理。

另外，心理學家們還發現，比起內向的人，外向的人在交談中更傾向於與對方目光相接，不僅次數更多，注視對方的時間也更長。

▶ 眨眼的玄機

美國心理學家泰徹（J. Teicher）研究過多場美國總統選舉，結果發現每分鐘眨眼次數最多的候選人，在大選中總是失利。

原來，眨眼少的候選人看起來從容不迫、自信十足；而眨眼多的候選人則顯得局促不安，難以依靠。對此泰徹這樣解釋說：正常情況下，人眼平均每分鐘會眨六到八次，每次眼皮閉合的時間只有零點一秒；但在壓力較大或說假話的情況下，這個頻率就會明顯增加。

瞳孔變化的本質

人在看到感興趣的事物時瞳孔就會擴大，反之則會縮小。嬰幼兒的瞳孔比成年人的瞳孔要大，只要看見父母，他們的瞳孔就會保持擴張，從而引起父母的持續關注。所以很多兒童用品生產商在製作平面廣告的時候，會將廣告中兒童模特的瞳孔處理成超大尺寸，以吸引目標消費群。

感興趣時

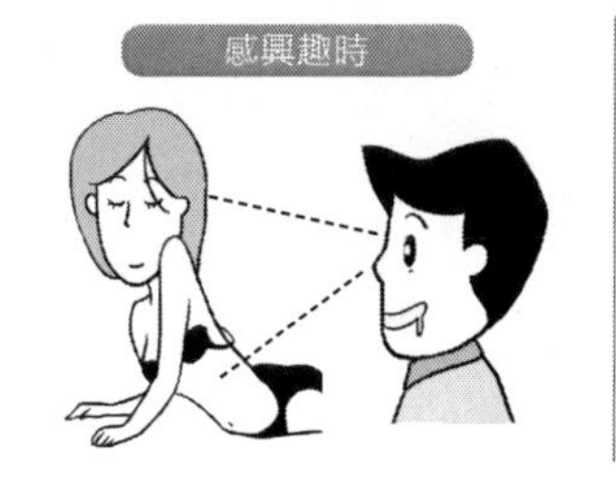

沒興趣時

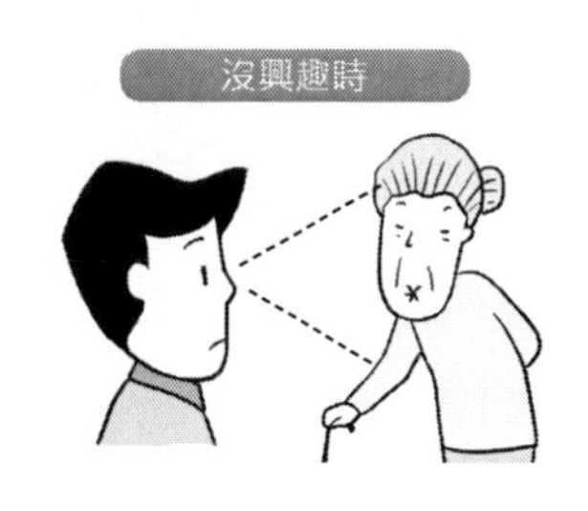

第 3 節　印象

所謂印象，簡單地說，是指認知主體頭腦中有關認知客體的形象。生活中，我們遇見新事物或者新的社會情境時，心中就如同電腦硬碟儲備數據一樣建立了對它們的印象。

▶ 首因效應

初次見面的短時間裡，人已經潛意識地為對方貼上了諸如「愛笑、開朗」、「有能力、可信賴」、「捉摸不透」等標籤，然後就會根據最初確定的這些形象，來決定對方全體的形象。這種現象在心理學上被稱作「首因效應」，也就是我們常說的「第一印象」。

心理學研究發現，與一個陌生人初次見面，僅僅在四十五秒鐘內就能產生第一印象。這一最先形成的印象在我們的頭腦中形成之後就占據了主導地位，較之以後得到的資訊，它對於事物整體印象產生的作用更強，且持續的時間也非常長。美國心理學家阿希（S. Asch）曾經做過這樣一個實驗：讓兩組受試者依靠文字來評定一個人的總體印象。對其中一組受試者依次出示「聰明、勤奮、衝動、愛批評人、固執、善妒」共六個特徵。顯而易見，這六個特徵的出示順序是從正面到負面；而對另一組受試者，阿希依然出示了這六個特徵，但不同的是，將出示順序變成了從負面到正面。

雖然出示的都是同樣的資訊，但是結果卻截然不同：先接受正面特徵的第一組受試者，對被評價者的印象遠遠優於先接受負面特徵的第二組。換句話說，受試者對被評價者所形成的印象，事實上受到了資訊順序的影響，這意味著第一印象有著高度的穩定性，後續資訊甚至不能改變它的本質。

為什麼第一印象有這樣「難以磨滅」的作用？這是因為第一印象對於後續資訊的認知有明顯的定向效果。我們總是在第一印象的背景框架之內，去理解後來獲得的其他資訊。生活中常見的地域歧視、城鄉歧視其實就是我們戴上了第一印象這個「有色眼鏡」去看待問題的結果。

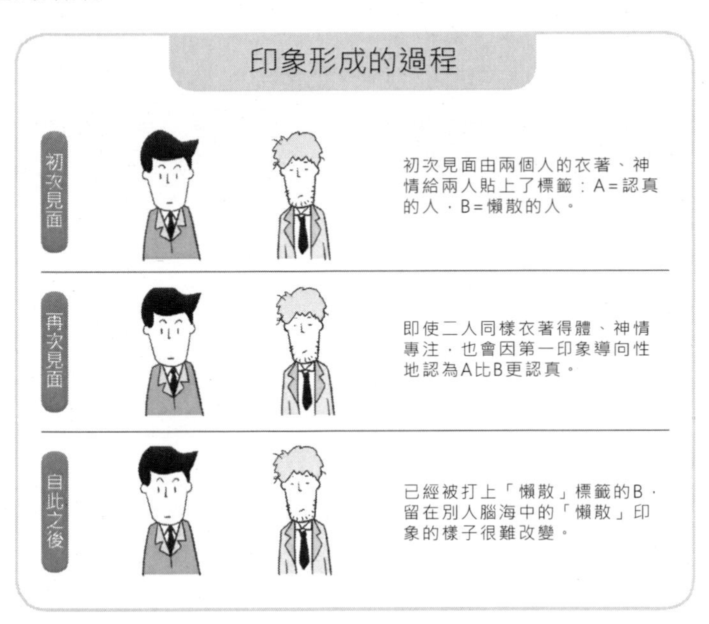

▶ 被左右的印象

就職於世界五百強企業的員工，容易被視為是具有非凡工作能力的人；學校裡成績好的學生犯錯，也只會被認為是一時失誤……對於擁有光環的人，人們往往傾向於繼續發現他們的亮點，心理學把這稱作「光環效應」。

由於光環效應的作用，人們會潛意識地將一個人的優點擴大成

光環，以至於對方其他優點和缺點都遮蔽在了光環背後。如此，以偏概全、管中窺豹的傾向性印象就形成了，有時候甚至還會發展到愛屋及烏的地步。

專欄 22　怎樣才能給人好印象

由於首因效應的作用，人們總是傾向於重視前面的資訊，並以此來解釋後面的資訊。在現實生活中，給人留下良好的初見印象是人盡皆知的事實。但是要真正塑造出一個美好的印象，還需要掌握一定的技巧。

▶ 印象管理

經研究發現，初次見面形成第一印象時，雙方交談的語言內容僅僅發揮了 10% 的作用，其他的非語言部分則發揮了絕對主導的作用。

心理學家做過這樣一個實驗：分別讓手持資料夾的年輕學者、打扮時髦的妙齡女郎、面容憔悴的家庭主婦和髮型怪異、穿著邋遢的年輕男子，四人在公路旁搭便車。結果顯示，學者和女郎搭車的成功率很高，家庭主婦稍低一點，邋遢的年輕男子則可憐地搭不到車。這不僅僅是以貌取人的問題，而是因為人會本能地將對方的外表儀容和個人際遇結合。有些心理學家甚至認為，50% 以上的第一印象是由人的外表儀容造成的。

一般情況下，人們都樂意與著整潔、落落大方的人交往，所以我們首先要在儀表上下功夫；其次要注意言談舉止，做到侃侃而談、舉止優雅，就能夠向外界輸出一個難以忘懷的印象了。

▶ 中心語

美國社會心理學家凱利（H. Kelley）曾經從展示人格特徵的詞語入手，解釋了印象形成的原理。這項研究中，參加測試的兩組學生被要求閱讀一位任課老師的介紹。出示給他們的介紹文大致相同，唯有一個詞的差別，一份寫著「冷漠」，而另一份則寫著「溫和」。

結果，閱讀了後一份介紹的學生，有 56% 參加了該教師的課程，並積極參與討論；而閱讀了前一份介紹的學生，僅僅只有 32% 到課。這一現象說明，形容人格的詞語並非同等的作用，而存在有如「冷漠」、「溫和」等特定意義、能發揮中心機能的詞語——即「中心語」——巧妙使用的話，也能給人以良好的印象。

▶ 近因效應

雖然首因效應的影響巨大，但心理學家們也發現，最後輸入的資訊對人整體印象的作用同樣不容小覷，這就是所謂的「近因效應」。

凱利的中心語實驗

法蘭克老師畢業於麻省理工學院社會學系，已有三年大學任教經驗，現年二十六歲，已婚，年富力強。瞭解他的人都說他溫和、勤奮、實事求是、有判斷力和獨立思考能力。

法蘭克老師畢業於麻省理工學院社會學系，已有三年大學任教經驗，現年二十六歲，已婚，年富力強。瞭解他的人都說他冷漠、勤奮、實事求是、有判斷力和獨立思考能力。

人在形成第一印象之後，由於時間間隔過長，印象會逐漸模糊，在短期記憶中後續資訊就變得深刻。就好比回憶多年未見的舊交，往往是臨別情景最令人難忘。這一效應的意義在於給了我們改變印象的信心，如果對方是認知結構簡單（比如說價值觀簡單）的人，近因效應的作用則更大。

第 4 節　競爭與合作

在生意場上，無論是誰都希望在你來我往的交鋒中，從對方手裡謀求到最大利益吧？如果把這種情況模型化，處理成雙方在平等的對局中各自利用對方的策略以獲取最大利益，就得出了「賽局理論」的概念，例如古代著名兵書《孫子兵法》，就是世界最早有關賽局理論的著作。

▶ 賽局理論的發展

長期以來，人們對賽局理論的認識僅僅停留在有賭博性質的勝負問題上（如橋牌、國際象棋等），並沒有上升到理論高度；而第一次將它整合，並以經濟行為理論形式提出的是數學家諾依曼（J. Neumann）和經濟學家摩根斯特恩（O. Morgenstern）。他們在合作研究的過程中，發現賽局思想能夠促使人做出決策，於是就嘗試著把它運用到了心理學領域，這一事件標誌著現代系統的賽局理論初步形成。

根據基準的不同，賽局的分類也五花八門，有按行為序列性分的靜態賽局和動態賽局；有按資訊透明度分類的完全資訊賽局和不完全資訊賽局；有以是否達成具有約束力的協議為基礎的合作賽局和非合作賽局；但其中最有代表性的，則是取決於雙方最終收益的零和賽局和非零和賽局。

▶ 剪刀石頭布的結局

剪刀石頭布在全世界都是婦孺皆知的小遊戲，但你也許不曾意識到，無論哪一方獲勝或失敗，兩個人的整體得分也只是零。像這種參與者有輸有贏、卻因為一方所贏正是另一方所輸，雙方總成績永遠為零的賽局被稱為「零和賽局」。

零和賽局也屬於非合作賽局的範疇，由於自己的利益是建立在他人損失之上的，且二者大小完全相等，因此雙方都希望以自身優勢對陣對方劣勢，甚至發展到無所不用其極地損人利己，以致最後的結果是一方吃掉另一方，勝的一方從負的一方攫取大量利益，而整體的利益並不會因此而增加一分。

現代社會競爭激烈，處處都存在與零和賽局類似的局面，就好比成功者的光輝背後往往隱藏著失敗者的眼淚。在這種思維的基礎上，整個世界似乎都變成了一個殘酷的角鬥場，因為地球的各種資源同樣也是有限的。不過，隨著社會多樣化趨勢不斷加快，許多人開始認識到「利己」不一定非得建立在「損人」的基礎上。因此，零和賽局漸漸被能夠實現雙贏的非零和賽局所取代。

零和賽局

零和賽局中，一方的勝利就是以另一方的輸為代價，像《史記》中講述的田忌賽馬的故事，事實上就包含著這種思想。

參與者B／參與者A			
	0	1	–1
	–1	0	1
	1	–1	0

總得分=0

▶ 囚徒困境

在美國的一些州存在「共犯自白」的司法制度，這種制度是針對合夥犯罪制定的。它是指如果一個罪犯供認不諱的話，就會得到減刑處理，而拒不認罪的共犯則會被加刑。我們可以設想這樣的情境：兩個盜賊深夜作案，「不幸」落網。兩人被分別羈押，無法交流。審訊時警方提出的選項是：A、犯罪嫌疑人之一認罪，並作證檢控其同伴，而對方卻始終保持沉默，檢舉的一方將無罪釋放，沉默者將服刑五年；B、如果兩人都保持沉默，各自只需要服刑一年；C、若二人互相檢舉，則分別將被判刑三年。

這時，需要選擇的兩位犯罪嫌疑人就陷入了困境：是出於對同伴的信任而選擇保持沉默呢？還是不應該信任對方，而選擇檢舉以換得自己的無罪釋放？以全體利益而言，如果兩個犯罪嫌疑人合作，都保持沉默的話，兩人都只會被判刑一年，總體利益達到了最優；然而如果從個人利益最大化的角度來考慮，兩人則會做出背叛對方的選擇，也就是出現同時被判刑三年的結果，對總體利益而言，這顯然是最壞的結果。每一個參與者看似理性的選擇，最後會導致總體選擇的不理性，這充分地說明了個人利益最大化，不等於團體利益的最大化。

▶ 非零和賽局的現實應用

囚徒困境從本質上抓住了人類自私的陰暗面，講述了現實社會中比比皆是的誠信與合作的困境。比如說，所有學校都知道準時放學的好處，但是為了保證本校的升學率，誰都不願帶頭取消晚自習；所有人都知道排隊更加公平，但總會有人插隊、破壞秩序；所有的工廠都知道環境汙染貽害萬年，但出於成本和競爭力考慮，而對治汙漠不關心……是的，我們都是囚徒，不知不覺之間已經選擇了「背叛」。

為了找到走出困境的辦法，美國心理學家愛克斯羅德（R. Axelrod）設計了一個實驗：以兩百場電腦競賽來模擬長期的人際交往，競賽中每一個參加者需要在合作與背叛間做出選擇。結果發現實驗的獲勝者，即堅持不首先背叛對方（善意的），下一輪會回報對手前一次的合作（寬容的），或是報復對方前一次的背叛（強硬的）。實驗說明，具有善意、寬容、強硬等特點的人才是最後的贏家，而那些卑鄙、尖刻、軟弱的人則往往失敗。

人際交往的過程，事實上就是重複賽局的過程，做一個有魄力的「好人」所得到的回報會更多，當每個人都謹守此道時，全社會的獲益也會逐漸增加。

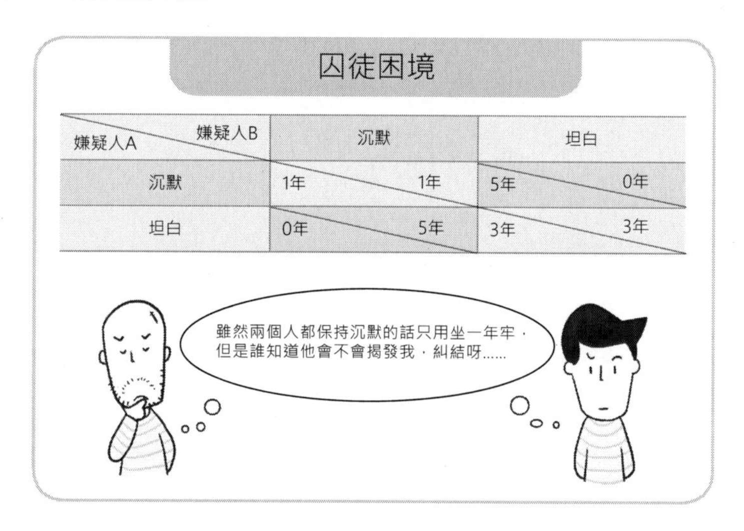

嫌疑人A ＼ 嫌疑人B	沉默	坦白
沉默	1年　1年	5年　0年
坦白	0年　5年	3年　3年

第 5 節　說服

雖然每個人認知世界的權利是平等的，但絕大多數的討論都需要得到一個統一的確定結論，因此如何表達自己的主張，以改變對方的意見和態度，就成了一件需要技巧的事。

▶ 說服性交際

說服的過程，在心理學上被稱作「說服性交際」，本質上是以交際的方式影響對方，並按照說服者的意圖行動。

二十世紀早期，對於說服這一話題，美國社會奉行「魔彈理論（Hypodermic needle model）」。它將需要說服的對象比作固定的靶，只要說服者有的放矢，他們便不堪一擊。這種理論把說服視作單向的過程，顯然十分荒謬，因為沒有人是等著中槍的固定靶，面對「子彈」襲來，完全可以選擇躲避。

慶幸的是，「交互論」很快就應運而生，它認為說服對象也應該被納入到說服體系中，一次成功的說服需要主客雙方的努力。在雙向溝通中，一方發送資訊，另一方接收並做出反饋，經過這樣不斷地資訊來回，就能充分地交換意見，達到說服的目的。值得注意的是，交互論雖然強調客體的作用，但由於說服的本質決定了說服者必須全程掌握主動，在說服中發揮主導作用，否則就容易出現互相充當說服者的混亂局面。

▶ 回彈效應

心理學借用回力鏢的意象，提出了行為反應與預期目標完全相反的「回彈效應（boomerang effect）」。

說服性交際中，很容易出現回彈效應：說服者竭盡全力地推銷自己的觀點，對方卻十分反感，反而離這個觀點越來越遠。我們每個人都本能地擁有逆反心理，越是受到逼迫，就越容易激發潛在的自我防衛情緒，自動關閉心門將對方的觀點排斥在外。

當你擺出一副「我要教育、改造你」的姿態時，就很容易引起對方的反感，且每一種方案用行銷學的 SWOT 分析來看也各有優劣，所以說沒有任何一種觀點能保證是 100% 正確的。

因此在說服過程中，我們必須學會換位思考，以滿足對方的心理需求，使他們在聽到你的忠告和觀點時產生同理心，從而為你折服。換句話說，當我們試圖說服他人時，比起說得天花亂墜，「循循善誘」明顯更加有效。

魔彈理論的謬誤

魔彈理論把說服對象看成了應聲而倒的靶，忽略了客體的作用，使說服的過程變成了一場沉悶的自我表演，所以自一九四〇年代之後逐漸被交互論取代。

專欄 23　說服的祕訣

追根究柢，說服性交際主要是由主體、客體、資訊、狀況與管道五個要素構成。成功的說服不僅需要專業知識和人格魅力，根據對方的反應發送適應性的資訊，以及掌握一些說服的技巧也非常重要。

▶ 資訊順序的魔法

相親過的人大概都發現了這樣一個事實：絕大多數情況下，對方都不可能有媒人介紹得那麼優秀；但如果對方有到達自己擇偶的「底線」，還是可以嘗試交往。從事情的結果來看，媒人的說服是成功的，因為如果他一開始就完全客觀地描述對方，得來的很可能是拒絕見面的答覆。

根據第一印象效應，人們往往會對前面的資訊印象深刻。因此在說服的時候，先提出對方期望的有利條件，使其表示贊同之後，再提示原本就存在的不利條件，說服的成功性要高得多。當然，最後提出不利條件時，應該提出妥善解決的承諾，否則容易滋生對方的反悔情緒，即使依然按照說服者的意圖在行動，效率也將大打折扣。

雖然這種辦法看似「盡說好話」，有欺騙對方之嫌，但是單純從道義出發，事先就提出不利條件而暫時遮蔽有利條件，等於一開始就把自己放在了不利的位置。在這種情況下，說服者必須具備高明的辯論能力，否則只會埋下麻煩的種子。對並不擅長辯論的人來說，絕對不是理性的選擇。

▶ 心理減敏劑 —— 登門效應

說服如果急於求成，很可能招致回彈效應，所以我們必須使說服對象始終處於一個緩和的無壓力環境中，使其心理減敏。

美國心理學家弗里德曼（J. Freedman）和費雷澤（S. Fraser）曾設計過一個實驗：讓兩位大學生訪問加州郊區的一些家庭主婦。其中一位首先請求家庭主婦將一個宣傳美化環境、安全駕駛的小標籤貼在窗戶或院牆上，對主婦來說這不過是舉手之勞的小事；兩週後，另一位大學生又上門拜訪，希望能在她們的庭院裡擺放一個不僅大而且不太美觀的招牌，結果居然有 55% 的家庭主婦同意了。而如果直接提出擺放招牌的要求，則只有 17% 的主婦表示接受。

這就是著名的登門效應（Foot in the door effect），弗里德曼認為，人們拒絕違反意願的要求是很正常的事，但是一旦對於某種無害的小要求找不到拒絕的理由，就會增加同意這種要求的傾向。也就是說，在說服對方時，按照最初提出較低的要求，接著又提出進一步的要求這樣，如登門一樣分階段逐漸提高自己的要求，就能在不知不覺中使對方偏離初衷。

▶ 單面論點 VS 兩面論點

如果對方和自己立場相同，那麼說服的時候只要提出正面資訊就可以了，這種說服方式被稱為單面論點（cherry picking）；然而，當對方和你並不屬於同一陣營，如果只提供正面資訊，反而會使人覺得你不過是在謀求私利。

舉一個簡單的例子，超市裡很多促銷員總是如錄音機一樣，反反覆覆講述著自家產品的優點，並列舉其他產品不足的地方；但之於我們消費者，首先想到的恐怕不是產品本身的優良品質，而是對商家「老王賣瓜，自賣自誇」的小小鄙視。

與單面論點相反，事先就將正面和負面資訊同時擺上檯面的，則被稱作雙面資訊（two-side argument）。促銷員推銷過程中，在講述自家產品優點的同時，也不忘講述競爭廠商生產的同類產品的獨到之處，只是最後補充說，綜合來看還是選擇自家產品更明智，是不是更令人信服呢？

事實上，心理學研究表明，單面論點和兩面論點適用的範圍是不同的：如果對方的文化程度和智力水準較低，或對你的觀點持讚賞甚至中性態度時，前者比較適宜；反之，如果對方屬於高學歷、高智商群體，或是一開始就對你持懷疑和否定態度時，後者的成功率則更高。

▶ 免疫理論

雖然把有利條件擺在前面，可能更容易達到說服的目的，但是當最後提出的不利條件遠遠超出對方預估時，就難以避免對方會反悔。在某些情況下，就如同為了預防病毒需要種痘一樣，我們也可

以先為對方「接種」，這就是免疫理論（Inoculation Theory），即先給對方比較低的期望，避免過度的心理落差造成的反悔。

日本零售業曾發生過這樣一件事：一家衣帽生產商新推出了一款上衣，衣服雖然美觀大方，但在洗滌之後會輕微褪色；但廠商沒有選擇隱瞞，而是大膽地在商品標籤上標註「本品有輕微褪色現象」的字樣。

沒想到產品投放市場之後，卻獲得了空前的反響，廠商的誠信給消費者留下了深刻印象。「醜話說在前頭」，卻取得了逆向宣傳的效果。

▶ 以情動人攻勢

在眾多的說服技巧中，情感攻勢同樣是不容忽視的存在。一個人態度的轉變不僅受理性思考的影響，也受情感的支配非常深。

研究發現，雖然長遠來看，理性說服的效果突出；但在短時間內來看，富於情感色彩的說服明顯更加有效。不過這不是一個二選一的問題，我們完全可以將二者結合起來，說服之初使用情感攻勢，以激發對方的興趣，然後轉入理性，從而使自己的主張成為對方「情理之中」的最佳選擇。

第 6 節　銷售

從事銷售工作的人，常常需要「捕捉」很多客戶，或是銷售許多種不同的產品（或服務）。無數事實證明，銷售精英之所以成功，完全是因為他們掌握了一些心理學技巧，更能抓住顧客的心。

▶ 飢渴心理

在產品投入市場初期，適當控制數量造成產品短缺，以營造出供不應求的氣氛。比如說，精品店經常在顯著位置擺放著幾款限量版的衣包；購物網站在商品旁邊赫然標註「庫存僅剩 × 件，要買要快」字樣；有關演唱會的新聞總是煞有介事地寫道「門票

在 × 小時內被一搶而空」……如前蘋果執行長賈伯斯就深諳此道，iPhone 頻頻斷貨、排長隊購買的情景大大刺激了消費者的飢渴心理。

消費者之所以對數量有限的產品有強烈購買慾望，完全是「物以稀為貴」的想法在作祟。人們會根據個人慾望為物品的價值打分，但面對「稀缺」物品時，原有的價值判斷會無意識地提高，從而促進購買行為，而忽視物品的真實價值。

▶ 不買吃虧心理

在百貨公司或超市的促銷活動中，你是否也曾有過腦袋一熱，買了一大堆非必需品的經歷呢？當看到櫃檯前人頭攢動的樣子，一種強烈的購買慾望是否油然而生？如果商家還打出「贈品有限、送完為止」的廣告，你是否會對這場搶購大賽更加投入？

其實，這不過是商家巧妙地操縱了顧客的「不買吃虧」心理，利用人類潛在的競爭意識，將產品的銷售變成了一場競賽。當很多人爭先恐後地「占便宜」並構成了一定規模時，產生的同調作用會將更多人捲入，從而使顧客偏離了購買的慾望導向特徵。

▶ 對比效應

你是否曾注意到一個奇怪的現象：明明是同樣的產品，只因外觀不同（如顏色不同），定價也不相同。即使這種產品並不便宜，你卻突然感覺定價低的那一款很便宜 —— 沒錯，這就是房地產商和汽車銷售商慣用的對比效應。

這種效應的本質是先給對方一個不好的預期，再使之緩和，從而降低其接受的難度。日常生活中斥責之後再贈送禮物、批評完又表達好意等看似矛盾的行為，其實就是這一效應的延伸運用。

▶ 價格高≠品質好

價格高顯然不是品質好的充分必要條件，但是：口感與色澤都非常普通的葡萄酒標了高價，就受到了名酒一般的對待；明明是賣不掉的衣服，換個高價標籤反而立刻銷售一空……這些現象都充分地說明在大多數場合，人會將價格和價值劃上等號。這是因為對於商品的價值，人通常只有簡單的外在價值認知，對其內在價值卻無法清晰把握，在找不到其他參考物的情況下，價格就成了唯一的判斷要素。

不僅如此，選擇高價商品還隱藏著一個深刻的心理原因。美國某家超市曾經做過一個有趣的小實驗：為同一種麵包設計了兩則折現廣告，一則折二十五美分，另一則折三十五美分。結果出人意料：2/3 拿了折現二十五美分廣告的顧客前來購買了麵包，而拿了折現三十五美分廣告的顧客前來購買麵包的還不到一半。換句話說，雖然除去折現的金額，明顯是折現三十五美分的麵包更加划算，但是人們卻選擇了價格更貴的麵包。

在並不是特別清楚產品價值的情況下，如果該產品過於便宜，或者帶來了過大的報酬（購買後獲得的實用價值），特別是他人還在一旁強調「非買不可」的時候，人往往會為了反擊隨之而來的壓力和脅迫感而採取逆反行為，就像實驗中的顧客一樣，拋棄便宜的麵包而轉向昂貴的麵包。

另外，產品的高價在一定程度上還滿足了人類的虛榮心，即被尊重和讚美的強烈慾望。當「價格—貴重—尊重」三個詞結合在一起時，就造成「只買貴的，不買對的」悖謬思想。

▶ 附加心理價值

現在在很多餐廳都喜歡在牆壁掛上某些名人前來就餐的照片，你也許會立刻覺得四周變得「高級」了起來；許多產品都有自己的明星代言人，當看到明星出現在產品的廣告中，你是否對產品也充滿了信賴？飯菜還是一樣的飯菜，產品還是一樣的產品，之所以感受完全不同，正是附加心理價值的作用。

人購買一件產品，往往包含有兩層意義的滿足，一層是產品實際使用價值的滿足，而另一層則是在產品實際使用過程中帶來的心理感受滿足。心理感受的滿足事實上就是慾望得到實現，按馬斯洛需求層次理論來看，它包含了自尊和自我實現。當產品具有滿足這些高級慾望的屬性時，人心中判斷出的價值就會相應提高，從而促進購買。

同理的還有珍藏版、明星簽名版、客製版之類的產品，之所以比普通版本的產品貴上許多，正是巧妙地運用了這一原理。

專欄 24　廣告

「好廣告，等於產品已經推銷出去了一半」，由此可見廣告的重要性。但廣告怎樣才能獲得最好的反響呢？激起消費者的購買動機最關鍵。

▶ 購買的五個階段

在購買過程中，消費者的心理活動通常要經歷五個階段：①認知階段。透過自身的感官、記憶和思考等心理活動，來完成對商品屬性的認知；②探索階段。對商品產生興趣，欲進一步發現商品的其他特徵；③評估階段。根據之前形成的價值觀系統對商品進行價值判斷；④決策階段。確信商品能滿足個人特定的需求，做出購買的決定；⑤行動階段。將購買決定付諸行動。

這五個階段環環相扣，構成了一個完整的購買心理過程，某些情況下甚至在一瞬間同時完成。從本質上來說，一則廣告被看成是一個說服的過程，它對整個購買心理過程都有很深的影響，但從說服的目的（即提高購買動機）來看，廣告的作用重心在決策階段之前。

▶ 認知強化

購買時消費者借助記憶系統，調用出以往的認知和感情體驗，在信任感的基礎上做出價值判斷，從而引發購買行為。如果消費者的記憶系統並沒有儲存相關商品的任何資訊，試問如何能完成後續的決策過程？這勢必會影響到消費者對商品的信任感，因而很難促成購買行為。

所以在廣告宣傳中，採取強化記憶的方法來強化認知是相當重要的。像大家耳熟能詳的「天然ㄟ尚好」、「鑽石恆久遠，一顆永流傳」、「整個城市都是我的咖啡館」等廣告，正是由於反覆播放，使它們的產品形象深深地銘刻在了觀眾的記憶之中，使人們在選購此類產品的時候，會下意識地做出購買該品牌產品的決策。

另一方面，刺激顧客的認知系統（主要是視覺和聽覺器官）也可以形成鮮明的產品印象。在合理的限度之內，這種刺激強度越高，相應地，人對這種刺激物的注意力就愈強。如果刺激物中各元素對比顯著，往往也容易引起人們的注意。很多國際知名品牌的標誌都採用了背景與字樣對比強烈的設計，正是這一原理最初級的運用。

事實上，廣告還包括其他大量的元素，如文化背景、播出時段、聯想性等，都會對消費者的資訊接收產生影響，從而激發消費者的購買動機。

第 7 節　會議

會議桌、百葉窗、投影機、麥克風、礦泉水，往往還伴隨著一定的人員規模和話題，沒錯，我們正在開會，銷售會議、部門會議、策略會議、團隊會議，作為一種重要的交際活動，會議同樣體現著許多心理學原理。

▶「方圓」有別

會議一般少不了會議桌，雖然會議桌看似會議的一個普通道具，但實際也大有玄機，或方或圓的會議桌對會議的作用並不相同。

當會議桌呈圓形（或者方形桌圍成了圓形）的時候，每個與會者的地位都是平等的，沒有尊卑之別。因為每個人都會被人矚目，所以更容易發表自己的意見。這就是意味著平等交流、意見開放的「圓桌會議」，它源於五世紀英國國王亞瑟的故事。據說當時亞瑟王在與他的騎士們討論國事時，所有人都圍坐在一張圓形的桌子周圍而不排座次。第一次世界大戰之後，為了體現各國平等原則和協商精神，圓桌會議的形式在全世界被大大推廣。

與圓桌相對的就是方形會議桌，它是一種體現主次地位的會議形式。在方桌會議中，特別要注意座次的安排，否則容易引起違和感而造成與會者不快。正常情況下，既容易被全體人員關注、又能縱觀全局的座位要留給高階主管。比如說右圖中，A 和 C 就是主管位。如果想取得主管地位，就要積極地選擇 A 和 C 的位置，而如果會議已經確定了主管位，其他開會者則必須有意識地避開。值得注意的是，雖然 A 和 C 同屬主管座，但二者也是有區別的。一般說來，著眼於解決問題、控制整個會議進度的主管，比較傾向於選擇 A；而選擇 C 的主管，則多半比較重視和與會者的人際關係。如果是類似於腦力激盪（如集體創意）的會議，主管選擇 C 處的效果比 A 處要好。

除此之外，對會議不太積極的人，經常會選擇 B 和 D 的座位。還有，在主管已經選擇 A 處就座的情況下，祕書、助理就應該選擇C的位置。

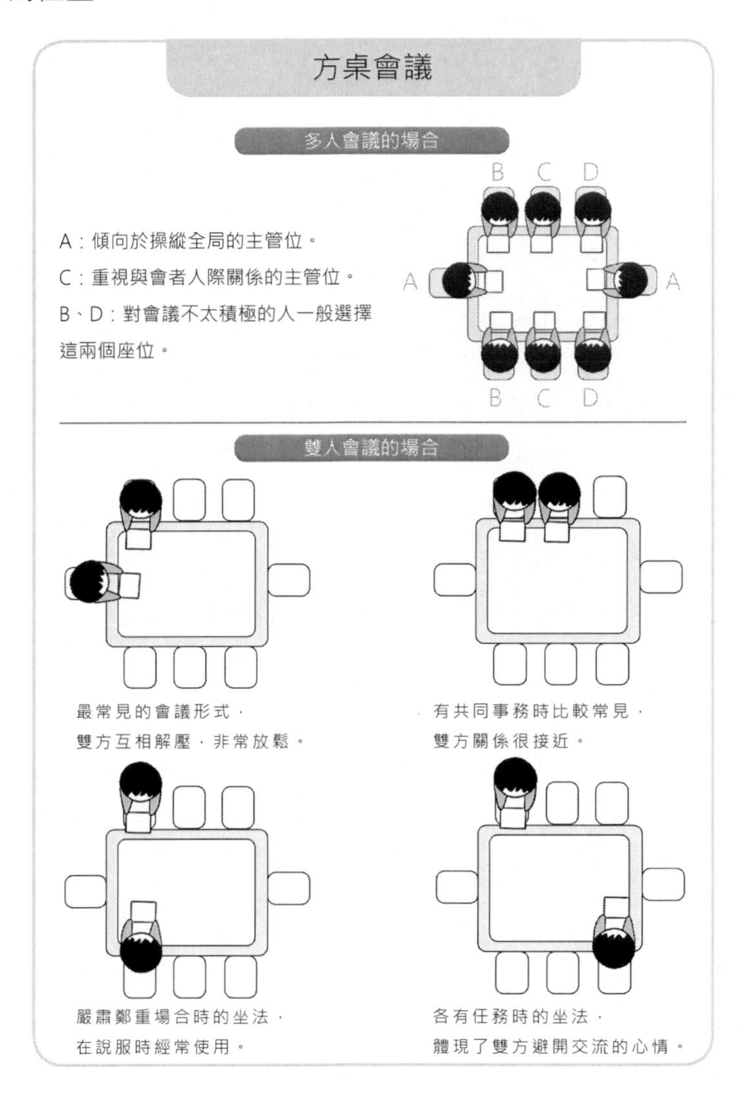
方桌會議
多人會議的場合
A：傾向於操縱全局的主管位。
C：重視與會者人際關係的主管位。
B、D：對會議不太積極的人一般選擇這兩個座位。
B C D
A
A
B C D
雙人會議的場合
最常見的會議形式，
雙方互相解壓，非常放鬆。
有共同事務時比較常見，
雙方關係很接近。
嚴肅鄭重場合時的坐法，
在說服時經常使用。
各有任務時的坐法，
體現了雙方避開交流的心情。

▶ 開會三法則

在會議中，與會者組成了一個事實上的小團體，可以說會議的過程也是團體成員交流的過程，所以也體現出了一些交際心理規律：

1．座位法則：正面相對的座位，容易滋生對抗心理，辯論大賽中如此坐法已經屢見不鮮。如果明明有其他空位，一個人卻徑直坐到了你的對面，那麼可以確定的是，對方必定對你懷有一定程度的牴觸情緒，並時刻準備好反駁你的姿態。許多統計數據證明，如果某次會議兩人發生了一次印象深刻的爭論，那麼下次會議時雙方選擇相對而坐的可能性就很大。

由此可見，在急於求得贊同的場合，我們必須隨時注意對面的動向。如果面對束手無策的對手，避免與之正面交鋒的辦法就是選擇在其旁邊坐下。因為相鄰而坐通常意味著關係親近，能有效緩和對立感。

2．緊鄰反對法則：有與會經驗的人也許已經發現了，一段發言結束後，緊隨之後的通常是反對的聲音，因為渴望被關注、求得他人尊重是人的天性。在能意識到的場合，沒有人願意輕易地受人影響，所以表現出了逆反的行為。

為了避免這種情況，我們在發言之後，要立刻請同一戰線的「夥伴」發表贊同意見，或者在反對意見出現之前，盡可能爭取到更多支持。

3．影響力法則：會議進行時，會議主持人（一般是主管）的作用非常重要，因為其代表了會議的主題、風格、方向等，甚至直接影響到會場的氣氛。主持會議的人影響力小的時候，與會者傾向於和對面的人交流；反之，與會者則傾向於與鄰座交流。

這種現象看似平常，實則蘊含著深刻的心理學原理：大多數人潛意識中都具有挑戰權威的慾望。當主持會議的主管氣場不夠，與會者會表現出或多或少的反抗，一旦有新的意見提出，與會者馬上就隨意討論，甚至不太禮貌、明目張膽的面對面討論。在極端情況下，與會者甚至會對主管發難，直接向他提出反駁意見；而在主管非常強勢的情況下，與會者會尊重主持人的安排，而較少擅自討論。如果會議當中只是出現竊竊私語的現象，說明此位主管在團體中還是有一定的影響力。

開會三法則由心理學家斯汀澤（Stinzer）提出，事實上，除了參加會議之外，在如聚會、講座中，我們也可以利用它來衡量小圈子裡的人際關係。

容易滋生對抗心理的正對而坐，有過爭論的人，選擇這種坐法的可能性很大。

當你發言結束後，緊跟著發言的人往往不會贊成你，而是發表反對或新的意見。

主持會議人影響力小的時候，與會者愛和對面人閒聊；反之，則與會者愛與相鄰的人閒聊。

專欄 25　會議中的小技巧

會議不但包含有明顯的團體心理規律，而且還必須實現說服另一些人的目標，是一個技巧性的社交活動。

▶ 花車與從眾心理

在舉辦嘉年華會時，常常會有花車遊行，遊人能在花車上輕鬆地享受遊行中的音樂，且不用走路就能跟隨隊伍前進，心理學上借用了這一概念，提出了樂隊花車效應（bandwagon effect，也稱從眾效應）。它是指為了避免在社會中陷於孤立，人常常做出與大多數人相同的選擇。

樂隊花車效應的背後，其實是團體迷思的深刻反映。前面提到過的心理學家阿希（Solomon Eliot Asch）就曾經做過這樣一個實驗：向八名受試者提出一些簡單的問題，但只有一人是真正的受試者，其他七人都是「假捧場」。在七位假受試者回答之後，再請真受試者作答。結果發現：在假受試者們回答正確的情況下，真受試者也能回答正確；但在假受試者們故意回答錯誤的情況下，真受試者就有 35% 的可能性會選擇同樣的錯誤答案。

實驗充分地證明了，當周圍出現大範圍的相同觀點時，個人會喪失對自我意見的信心，而傾向於迎合大眾看法。我們不難看到這樣的現象：處於同一團體內部（如同一公司、同一小組）的成員因為沾染了同樣的「團體氣息」，往往具有相似的思考方式或行事風格，甚至連穿衣打扮都會趨於一致。

在會議中，有計謀的人經常會使用這一效應來壓制反對聲音，他們在發言後，立刻讓自己的部下或夥伴發表贊同意見，從而使個人主張披上了「大眾意見」的外衣，給持反對意見的人造成心理壓力。而當越來越多人跳上這一「花車」的時候，發表反對意見的阻力就會越來越大，極有可能湮滅在這一片激昂的聲浪中。

▶ 美味的潤滑劑

在吃到美味的食物時，人通常會處於一種愉悅的心理感受之中，日後還會回想起與進食相關聯的記憶。

心理學把這種現象命名為聯念論（associationism），利用這一原理，我們可以在舉行會議的同時，提供一些美味小點，使整個

會場氣氛朝著對交涉有利的方向發展。即使沒有特別的美食，我們也可以準備一些茶水、咖啡，甚至是笑容、禮貌用語，一樣可以使與會者獲得心理上的愉悅感受。

第 8 節　霸凌

霸凌是人類社會中的常見現象，許多人都有過被他人以傲慢的態度或恫嚇、威脅的經歷。在中小學，這種恃強凌弱的現象更是屢見不鮮，甚至引發了嚴重的校園暴力。

▶ 校園暴力的複雜背景

在人的一生中，學校是一個非常特殊的團體，不僅社交要素比較單一，其成員的心智也遠未成熟。出於對教學品質的追求，學校對學生採取了控制和強化的方法，使部分學生的慾望和不滿長期被壓制，最後轉為霸凌同儕的形式表現。

另一方面，許多家庭也缺乏正確而有效的交際訓練，特別是少子化越來越嚴重的現在，家長往往縱容、滿足子女的各種要求。這種行為的後果是，子女越來越不知道應該如何忍耐自己的慾望，因為沒有「限度」意識，最終導致欺負同儕。

調查統計，霸凌的發生率，在小學時代會隨著年級升高而增加，在中學時代則會趨於減少。但由於這種行為往往與學習壓力、文化教養、生活習慣、性別、年齡等有關，所以是一個非常複雜的問題。

▶ 霸凌者和被霸凌者是同類人嗎

霸凌是透過對他人造成生理上或心理上的苦痛，以獲得滿足的虐待行為。普通人在集體潛意識中，都隱藏著強者欺負弱者的認同感。這種認同感和團體一致感互相強化，就促成了「跟風」的團體欺負行為，所以我們常常會發現一群人霸凌一個人的現象，而方法的殘忍是單一欺霸凌者力所不及。

容易被霸凌的人，心理學上一般認為是完全喪失了自我認同感的人。他們心中深藏的自卑感使整個心靈失去了力量，總是對他人的欺負採取聽而任之的漠然態度，使得個人和團體都將自己定位在了被霸凌的位置。不過，出於反抗的替代滿足，被霸凌者很容易欺負更弱小的對象。

而喜歡霸凌的人，雖然處於強勢的地位，但內心也存在某種缺失，隨之而來的是本人難以覺察的自卑感或者不安全感。霸凌者必須依靠對弱小者施以折磨的方式來建立自我認同。從這個角度來看，霸凌他人也只不過是代償作用在行動中的反映，所以霸凌者和被霸凌者二者並沒有本質的不同。

心理學研究發現，不管是霸凌者還是被霸凌者，他們對許多問題的看法甚至處理事情的方式都非常相似。當然二者也存在明顯的差異，比如：較之被霸凌者，霸凌者更不喜歡學校，成績也更差。

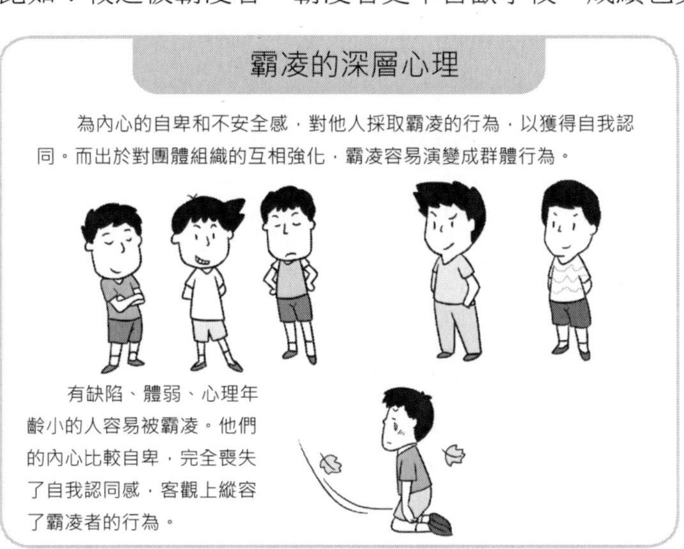

第 9 節　謊言

雖然我們從小就被教育要成為誠實的人，但能夠做到完全不說假話的人幾乎沒有。雖然從道義上看，說謊並不是什麼值得讚賞的行為，但從心理學的角度出發，說謊之於人的交際活動卻有著無可替代的重要作用。

▶ 誰都會說謊

德國心理學家斯特恩（L. Stern）將謊言定義為，人偶爾為了達成某種目的而有意識發表的虛假言論。因此，說謊的人一般具有以下四個特徵：①具有虛偽的意識；②具有欺騙他人的意圖；③非常清楚欺騙所要達成的目的；④有保護自己，逃避責難或懲罰的想法。如果只是記錯、想錯、看錯，而並沒有說謊的動機的話，便不能被定義為謊言。

由此可見，說謊是有意識地以欺詐或偽證明去欺騙他人的行為。研究發現，每個人平均每天要撒二～六次謊（其中男性要多於女性），可以說誰都是說謊者。但對於謊言不能一概而論，因為也存在如「善意的謊言」，在應酬、客套時，為了協調人際關係而不得不說的謊言。比如說收到了約會邀請，如果對對方並無好感，則可以撒謊說「今天沒空，下次吧」。比起直接拒絕，這樣婉轉的謊言明顯更容易讓對方接受，從而避免了人際風波。

▶ 酸葡萄與甜檸檬

相信大家都聽過伊索寓言中《狐狸與葡萄》的故事：狐狸很想吃藤上的葡萄，美味近在眼前卻怎麼也摘不到，於是狐狸滿臉不屑地說了句：「這葡萄肯定是酸的，不好吃。」這才心滿意足地離開了。

故事中的狐狸在遇到挫折之後，採用了歪曲事實的辦法以重新獲得心理平衡，心理學把這一現象稱作「酸葡萄效應」；與之相對的是「甜檸檬效應」，指人在無法達到某一目標或擁有某一物品時，會轉而對自己現有成績或所有物百般讚賞的現象。

不管是「酸葡萄」還是「甜檸檬」，都是內心深處合理化思維的外在表現，在日常生活中隨處可見。個人行為不符合普遍價值標準或者沒有達到預期的目標，為減免隨挫折而生的壓力和焦慮感，保護自尊心不受傷害，而對自己不合理的行為給予一種合理的解釋，使自己能夠接受現實。

從本質上來說，「酸葡萄」和「甜檸檬」都是為了使自身從不滿、不安等消極情緒中擺脫出來的心理防禦機制，像魯迅先生筆下的人物阿 Q 所持有的「精神勝利法」，其實也包含在這一機制的範疇之中。

▶ 說謊是自立的第一步

雖然沒有哪一位家長樂於見到自己的子女撒謊，但是從心理學的角度來看，說謊反而是孩子的社交發展發育健全的標誌。美國心理學家霍伊特（M. Hoyt）曾這樣評價兒童撒謊的現象：當子女第一次對父母撒謊的時候，就意味著他們已經從父母的絕對束縛中掙脫。由此可見，說謊是人走向自立的第一步。幼兒在說謊時，表達的其實是自我主張。

儘管教育孩子至臻向善是所有家長的心願，但如果對孩子說謊的行為一味地斥責，把孩子限制在「任何不誠實的行為都不行」的思考模式下，也會造成矯枉過正的惡劣結果。不會說謊的孩子會偏離自我成長的軌道，在今後的人生中很難形成遊刃有餘的交際能力。因此，作為一個合格的家長，不能單純地將說謊定義為「惡」，而是應該具體情況具體分析。在無傷大雅的情況下，雖然已經知道孩子在撒謊，卻選擇成人世界的交際方式去對待（即不予揭穿），說不定孩子會更加感激這樣的父母呢！

▶ 一分鐘識破謊言的測謊術

人喜歡從語言和面部表情來判斷對方是否說謊，但卻低估了人自小「練就」的說謊本領。

一般說來，為了減輕說謊的恐懼感，說謊者有以下幾種行為傾向：①壓制手部動作，如雙手交叉；②經常用手觸及臉部，如摸鼻子、掩口，抓耳朵，撫眉毛等；③頻繁地改變姿勢，給人立刻逃走的錯覺；④因為資訊越多，暴露機會越大，所以盡可能簡短表達意見；⑤表情做作，如無表情或笑容突然不正常地增加且感覺僵硬

等。另外，雖然人們迷信說謊者會目光閃爍、不敢對視，但是事實並非完全如此，一些說謊者為了刻意掩飾，反而會長時間地凝視對方，造成誠懇的假象以免露出破綻。

常見的謊言訊號

在聊天的時候，有意識地壓制手部動作，如雙手交叉、把手伸進口袋裡，或是雙手互握、把手藏在桌子下面等。

看報紙的時候，腿不停地晃動，腿部動作時時改變，總是靜不下來。

一邊發表自己的言論，一邊用手觸摸自己的臉部，意味著正在掩飾某些內容。

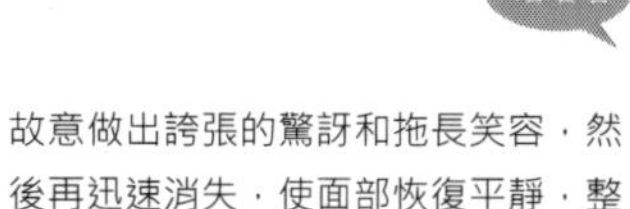

故意做出誇張的驚訝和拖長笑容，然後再迅速消失，使面部恢復平靜，整個過程非常僵硬。

由於擔心露出破綻，所以不敢正視對方，但如果刻意掩飾這種行為，反而會長時間地凝視對方。

第 10 節　戀愛

戀愛是濃豔馥郁的玫瑰，是海枯石爛的眼淚，如高山般堅不可摧，又如深海般遼遠宏大……戀愛也一直被認為是人類最深入的交際形式。

▶ 喜歡和愛的區別

明明是出於戀愛的目的與對方交往，卻莫名其妙地被當成普通朋友，相信對本人來說並不好笑。之所以造成這樣的誤會，完全是因為錯誤地判斷了喜歡與愛。

美國心理學家魯賓（Z. Rubin）認為，喜歡是指尊敬、單純的好感和親近感所組成的感情。換句話說，喜歡這種感情只是對對方懷有敬意、感覺對方和自己有相似之處，或單純覺得對方是個不錯的人；反觀愛則完全不同，飽含著獨占、依賴、自我犧牲、激情等複雜的心理因素。墜入愛河的人願意為愛人做任何事，無法接受背叛，一旦失去對方，人生就會變得一片灰暗。

以真實情侶為對象，大量實驗表明，魯賓證明了喜歡與愛之間確實存在顯著的尺度差別。不僅如此，二者的差別還與性別有一定關係：異性朋友轉為戀人的情況在男性身上容易發生，女性則非常少見，原因是女性對愛情和友情的分界線把握得很清楚。

▶ 點燃愛火的吊橋

當我們戀愛時，常常會出現失眠、心跳加速等生理反應，可以說每一個細胞都沉浸在愛的亢奮中，是一種生理上的覺醒。因此有這樣一種說法：當人處於如同剛剛運動一樣的生理興奮時，很容易

愛上眼前的人，事實真的如此嗎？

關於這個問題，加拿大心理學家達頓（D. Dutton）和艾倫（A. Aron）曾經做過這樣一個有趣的實驗：他們選取了兩座橋作為實驗道具，其中一座是橫跨深淵的吊橋，另一座是平臥淺川的土橋，請同一位女性站在橋頭，並將她的電話號碼交給過橋的男性受試者們。

結果發現，從搖搖晃晃的吊橋上走過的男性，有一半人在數日後都撥打了這位女性的電話，這說明他們對該女性產生興趣；而從平穩的土橋上走過的男性這一比率還不足 12%。這個實驗充分地說明了人在興奮感的支配下，會放鬆自我保護意識，把心跳加速的感覺當作戀愛的感覺，誤以為此時邂逅的對象很有魅力，這就是心理學上著名的吊橋效應（capilano suspension bridge）。

心臟怦怦直跳就是戀愛嗎

人很容易把生理的興奮和戀愛的心跳混淆，如果擅用這一原理，邀請異性參加健身運動或者衝浪、雲霄飛車等刺激性遊樂活動，能更容易俘獲對方的芳心。

▶ 日久生情的背後

只是單純反覆地與某人接觸，就會漸漸對對方抱有好感，這就是所謂的單純曝光效應（mere exposure effect），雖然聽上去不可思議，但這一原理也有實驗依據。

美國心理學家載陽（R. Zajonc）準備了十二張人物照片，並平均分成六組（即兩張一組），分別零次、一次、兩次、五次、十次、二十五次隨機地展示給受試者。這些受試者事先並不認識照片裡的人，卻不約而同地表現出這樣一種傾向：當觀看照片的次數增加時，不管照片的內容如何，對照片人物的好感度都會明顯地提高。換句話說，觀看次數與好感度的關係成正比。

這就是日久生情的力量，你和某人接觸得越多，對方會越喜歡你，就像許多人會都特別鍾愛組成自己姓名的那幾個字一樣。當然，要使這一效應發揮作用，你必須事先給對方留下良好的第一印象。試問有哪一個人願意和初次觀感不佳的人發展進一步的關係呢？

▶ 羅密歐與茱麗葉效應

莎士比亞的著名悲劇《羅密歐與茱麗葉》所有人都耳熟能詳：青春年少的羅密歐和茱麗葉在一場聚會上一見鍾情，事後卻發現各自的家族是不共戴天的世仇。面對家族的巨大壓力、捍衛純潔的愛情，兩人選擇了以死抗爭，最終雙雙殉情。

心理學借用了這一故事，提出了「羅密歐與茱麗葉效應（Romeo and Juliet effect）」，它是指在戀愛過程中，如果出現干擾雙方愛情關係的外在力量時，雙方的愛情關係反而會被強化。心理學家德利斯考爾（R. Doriscoll）曾調查了一百四十對戀人，發現戀愛關係受家族妨礙的情侶，雙方的情感維繫要強大很多。

之所以出現這種現象，一來是因為自我認同感所造成的逆反心理，每個人都希望自己獨立自主，而不願被人控制。當別人的意見強加於己，就會產生強烈的抗拒；二來是因為人往往認為越是難以得到的東西，其價值越高。故當壓力使戀愛越發艱難，人們反而會越發深化對戀人的迷戀。

▶ 一見鍾情也有高發期

青春期由於心血管系統功能尚未完全發育成熟，性成熟的同時就很容易產生生理反應。視丘神經很容易被刺激，引起血液循環加速，亢奮感會傳達給身體每一個器官（如臉紅心跳），開始嚮往愛情。再加上性激素的旺盛分泌，性衝動更是推波助瀾，最終容易產生一見鍾情；而隨著人逐漸老去，視丘逐漸萎縮，愛情便失去了原有的美妙感覺，不再讓人茶飯不思、輾轉難眠。

第 11 節　伴侶

據心理學家研究發現，人的幸福感很大一部分來自於自己的伴侶，可見伴侶對人的重要性。每個人都希望能與理想的伴侶長相廝守，那麼究竟我們如何挑選生命中的另一半呢？

▶ 配對理論

如果觀察街上的情侶就會發現，比起美女野獸、王子恐龍的組合，正妹帥哥或是相差無幾的配對肯定更多。這種選擇和自身

條件相仿的異性作為情侶的現象，在心理學上被稱為「配對理論(marriage matching)」。其理由是面對比自己更有魅力的異性，會擔心被其拒絕；而對於條件不如自己的對象，自尊心又無法容忍，結果潛意識就會選擇與自己相配對的對象。

美國曾經對情侶和夫妻做過比較調查，結果發現：雙方興趣或身高差別明顯、過分追求愛情、男方更鍾愛美術與音樂、交往過度緊張的組合，一般無法發展到談婚論嫁；而對「具體—抽象」、「專注—放任」等尺度理解相似的組合則往往戀愛成功。也就是說，興趣和性格相似的情侶更容易結為夫婦，特別是曾經一同經歷過某些人生大事的組合，雙方的好感度會更加明顯。

▶ 互補理論

人之所以會選擇態度和性格相似的對象，一來是因為能很容易徵得對方贊同，不需爭論即可採取共同行動；二來是因為比較容易預測出對方的想法。雖然相似的人更容易結合，但也不是說相似的結合就一定是好事。

美國心理學家溫奇（R. Winch）曾經對二十五組實驗對象做過調查，結果發現：雖然我們對婚姻對象的選擇包括一些社會相似性，但同樣存在互補性。這種現象主要是由人不同的支配慾望和服從慾望所決定。當兩個人構成一個戀愛組合時，如果其中一方比較強勢，處於支配地位，那麼就需要另一方保持順從的態度，甘於被支配，彼此之間才能形成良好的依存關係。

心理學上把擁有不同特性的人結成戀愛組合、並順利相處的現象稱作「互補（complementary）」。互補的組合在生活中經常會有驚喜，因為無從知道對方的想法所以幻想的空間更多，爭吵的時候說不定反而會增進對彼此的瞭解。

人無完人，每個人的人格或多或少都存在缺陷，這就為互補理論提供了可能。

▶ 災變理論

如果知道戀愛或婚姻的一方三心二意，另一方的愛很可能會因此變得冷淡，甚至轉為強烈的怨恨。愛得越深，恨就越深，有時甚至難以克制內心的殺意，像《神鵰俠侶》中的李莫愁和《咆哮山莊》(Wuthering Heights) 中的希斯克利夫對舊情人的瘋狂報復，就是這種「由愛生恨」心理的表現。

由愛生恨通常非常突然，這種短時間內一種感情被另一種完全相反的突然替代的現象，心理學上被稱為「災變理論」。人類的一

種感情背後，往往隱藏著相反的感情，即「陰性感情」。就像我們在看恐怖片的時候，對於其中的驚悚場面一方面想要逃避，所以用手遮住眼睛；另一方面又想要尋求刺激，所以會從手指縫裡偷看。陰性感情平時被壓制在內心深處，一旦遇到特別亢奮的情緒刺激就容易噴薄而出，比如說大哭大笑、或喜或悲經常在同一時間發生；明明嚮往幸福的生活，卻對它充滿恐懼而想要與戀人分別等。

另外，自戀也是由愛生恨的一個重要原因。正常情況下，每個人或多或少都會自戀，並傾向於將自己的意願折射到戀人身上。一旦對方背叛，潛意識中會立刻將這種行為等同於對自己人格的否定，而這正是自戀特質所無法容忍的，因此很容易就促使人採取偏激的報復行動。

► 從戀愛到婚姻

「執子之手，與之偕老」，從古至今，結婚都稱得上是一件人生大事。雖然如今常耳聞「閃婚」的現象，但對大多數人來說，從戀愛到結婚往往需要耗費一定的時間。「他／她的性格怎麼樣，適不適合我？」、「這麼多人對我有意思，到底要不要選擇他／她？」這些問題都是在交往過程中需要解決的。基於交往過程的不同產物，英國心理學家瓦拉斯（G. Wallas）將戀愛到結婚的過程分做了四個階段。

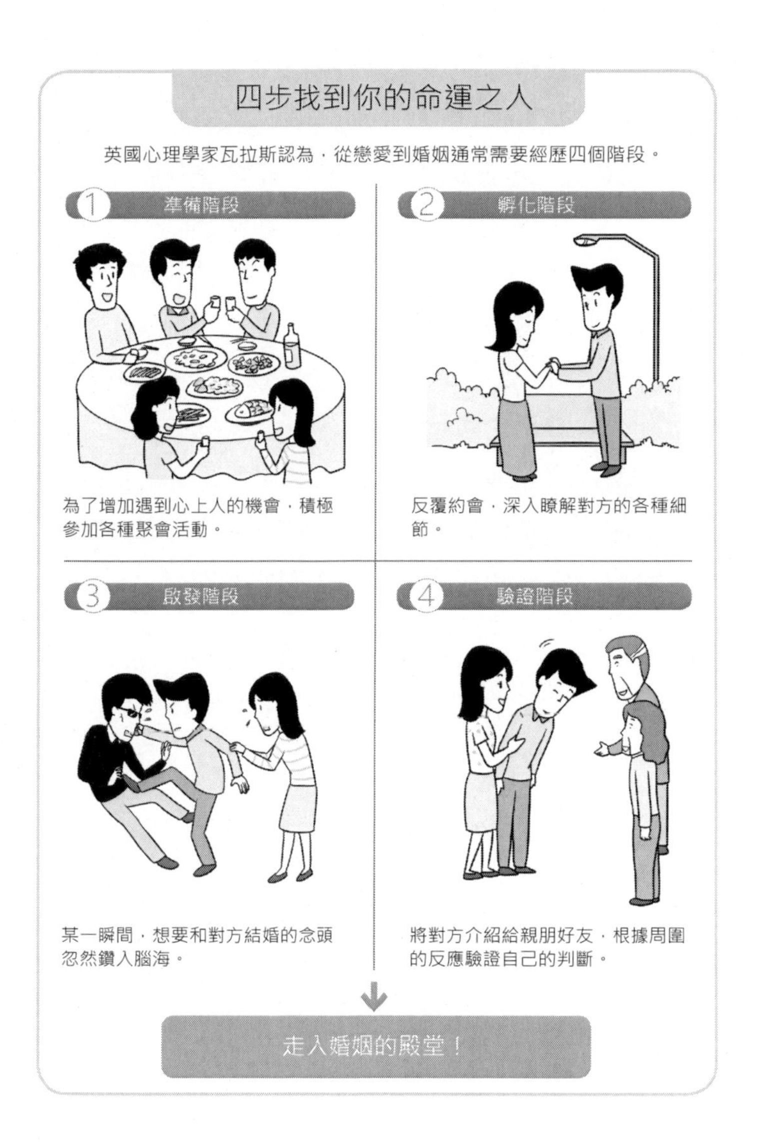

專欄26　婚後三年女性就沒有幸福感了嗎

美國心理學家特曼（LewisTerman），曾經針對婚姻生活相關

的幸福度做了一次大樣本調查。他詢問了許多夫婦生活問題，諸如是否一起參加戶外活動、雙方對家務事的處理意見是否一致、是否為配偶感到驕傲、如果重新再來是否還會選擇對方作為結婚對象等。

結果非常意外，大多數女性在結婚不久的幸福感比男性要高，但三年後反而會低於男性，且從此再也不會感受到和男性同樣程度的幸福感。六年之後，雙方的幸福感都會提高，其中十二到十四年最高，不過此後會出現急速下降，特別是妻子一方，在結婚二十一到二十三年時幸福感是最低的。

這個調查說明，婚後男女幸福感的變化並不一致，為了維持家庭的和睦，幫助配偶平穩地度過幸福感的低潮期非常必要。

第 8 章

心理疾病與治療

第 1 節　心靈和身體

WHO（世界衛生組織）對於「健康」的定義是：不僅僅是沒有疾病或病痛，而是一種身體上、精神上和社會上的完全良好狀態。換句話說，健康的人要有強壯的體格和樂觀的精神狀態，並擁有能夠與所處社會及自然環境保持協調關係的心態。事實上，就如同身體常常表現不健康症狀一樣，我們的心靈也會「生病」。對人類來說，心理疾病是很普遍的現象，只不過存在著程度深淺和表現形式的區別而已。

▶ 人的心靈為什麼會得病

「壓力」這個術語，原本是物理學上用來指垂直作用於流體或固體界面單位面積上的力，一九三〇年代心理學家薛利（H. Selye）將它成功地運用到了精神分析領域。薛利認為，當人遇到緊張或危險情境使身體與精神負擔過重，卻又必須迅速做出決策時，就很可能導致緊迫狀態，並擊潰人原有的防禦機制。其中刺激人的內外部因素被稱為「壓力源（stressor）」，隨其發生的身心變化則被稱為「壓力反應（stress reaction）」。

壓力源一般被分為五種：①物理壓力源，如嚴寒酷暑、噪音、放射線等；②化學壓力源，如缺氧或過剩、藥物、營養等；③生物壓力源，如病菌、炎症等；④生理壓力源，如睡眠不足、飢餓、過度疲勞等；⑤精神壓力源，如人際困境、憤怒憎恨、緊張不安等。值得注意的是，精神壓力源最容易使人陷入高壓，解決的辦法也最為複雜。

正因為壓力源無處不在，所以可以說人從出生到死亡都始終與壓力相伴隨行。雖然壓力一般給人以負面的印象，但實際上它不只有消極的一面，也有積極的一面，必須區別看待。

積極的壓力是一種能量，是能夠激發人的勇氣並發憤圖強的原動力，比如說因為工作未完成而產生的壓力，會使人在努力中逐漸提升實力；和上司、同事關係緊張產生的壓力，會讓人採取邀請聚會、出遊等方法，使人際關係中的陰霾一掃而光。相比之下，消極的壓力就不是那麼令人滿意了。若長時間生活在消極壓力的環境下，強烈的壓力源會催生過度的壓力反應，引起腦下垂體和腎上腺髓質的激素分泌功能異常，血壓升高，並直接影響到大腦和心臟，

產生疲勞易乏、亢奮、腹痛便祕、失眠、心神不寧、偏食、吸菸量增加等身體症狀或行為變化，嚴重時甚至會形成惡性循環。

也就是說，類似情緒波動的普通壓力反應並不等同於心理疾病，但是如果反應過度，則是誘發心理疾病的重要原因。

▶ 藏在身體疾病中的心病

心理疾病容易引起身體疾病，大腦在承受超負荷的壓力之後，控制身體活動的自律神經很容易失去平衡而節奏混亂。壓力會導致胃炎和胃潰瘍在醫學界已經得到了公認，飲食障礙（eating disorder）也常常被認為是由於自我厭惡和自我否定等心理疾病引起的。

在生活中我們也許注意過這樣一個現象：在做自己不喜歡做的事時，身體也往往會產生一些「不喜歡」的表現。比如說，不喜歡讀書的孩子，一拿起書本，會立刻感覺疲憊；一到考試時，就會頭痛、肚子痛等。

正因為壓力的過度反應，最終會透過身體、行為來表現，所以在診斷心理疾病的時候，把握異常的身體症狀和行為變化就是重中之重。

▶ 多笑會使人健康

為了研究笑對人體血液中 T 細胞和抗體的影響，美國加利福尼亞大學曾經採集了一些事先觀賞過喜劇電影的男性血液，結果發現他們的血液中抗體明顯增加，而原因僅僅是因為他們剛剛大笑過；而相反地，處於馬上面臨畢業考等高壓環境下的大學男生，血液中會攻擊癌細胞的自然殺傷細胞濃度則會顯著降低。無獨有偶，紐約州立大學也發現已婚男性在參加完家庭聚會或交談之後，其唾液中的抗體會明顯增加。

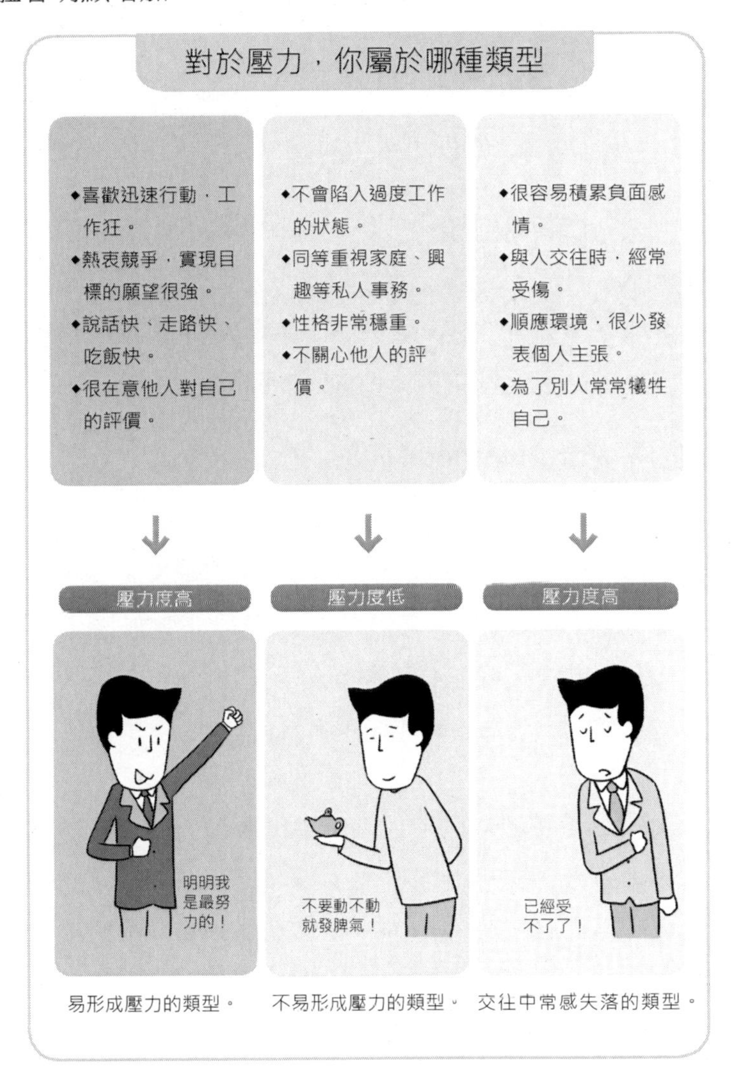

笑不僅能夠打造更好的人際關係，還能活化免疫力促進人體健康，並大大緩解壓力反應使身體放鬆。荷蘭科學家就曾經依靠大量

統計，發現了這樣一個令人震驚的事實：喜歡笑的人壽命比較長，與常常愁眉不展的人相比，死亡率低 45%，特別是心血管疾病的死亡率甚至低 77%。

第 2 節　適應障礙

人生就像一幕幕舞台劇，我們穿越在不同的場景中感受世間冷暖，學生會不斷升學直至畢業走向社會，公司職員常常會換到其他職位或是跳槽、調離。人不可能一輩子待在定格的環境中，但遺憾的是，並不是每一個人都能夠順利地適應新環境。

▶ 為什麼莫名其妙地變得倦怠

新鮮人或大學新鮮人也許會有這樣一種體會：面對完全不瞭解的新生活環境，在周圍都是陌生事物的情況下讀書工作，常常會感覺精神沮喪、萎靡不振，不管做什麼都覺得非常無聊，以致於動不動就「懶得」怎樣怎樣。特別是新鮮人在工作一年左右後，如果意識到「自己能做什麼」和「自己在做什麼」的差別，也容易有這種表現。

在心理學上，我們把以上這種因環境改變、職務變遷或生活中某些不愉快的事件等壓力源所帶來的壓力，加上本人一定的人格缺陷，而出現的一些負面情緒反應及生理功能障礙，並導致讀書、工作、生活及交際能力的減退而無法適應社會生活的狀態，稱作適應障礙（adjustment disorder），其本質是適應環境的防禦機制。

當壓力超過限度時，這一機制就開始運作，而發展到一定階段就會奪走了整個身心的力量，而對生活環境表現出行為上或情緒上的迴避，因此在環境改變或遇到壓力性事件之後的一到三個月裡很容易發病。

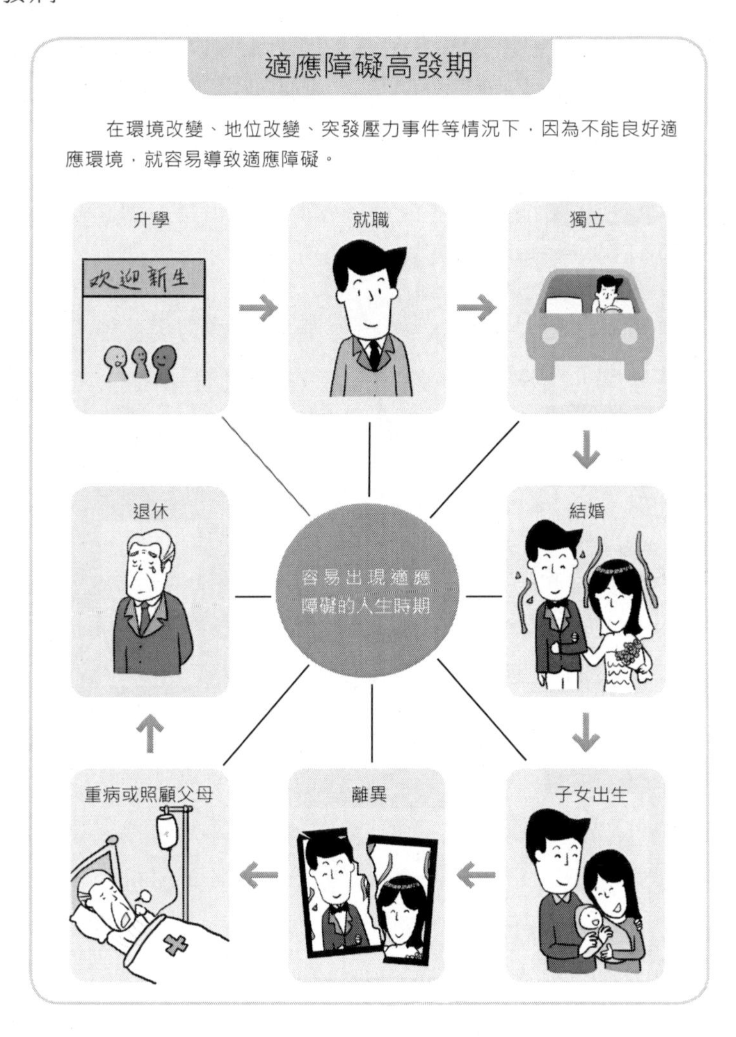

隨著發病後時間的推移，適應障礙在六個月內一般會自行緩解，但也有可能會轉為更嚴重、更久的其他障礙，比如憂鬱症。因此，當我們出現適應障礙的症狀之後，絕不能得過且過，而必須有

意識地避免其惡化或慢性化的趨勢。首先要仔細觀察環境，合理且準確地分析致病的壓力源，改變對它的認知態度，以減少或消除壓力。再者學會轉換心情，多與人交談，多做一些感興趣的事，提高對環境的適應能力。最後，多食用一些能促使血清素生成的食物，如動物內臟、鮭魚、蛋黃、堅果、豆製品等。

第 2 節　憂鬱症

人在遇到精神壓力、生活挫折、痛苦遭遇乃至生老病死等情況時，會有情緒變化，尤其是憂鬱情緒。雖然這是人之常情，但當憂鬱情緒隨著時間不斷積累，就可能導致可怕的憂鬱症。

▶ 心靈的「感冒」

憂鬱症是指憂鬱、懶散、焦躁等情緒障礙持續，主觀上感覺到強烈痛苦的心理疾病。它的主要症狀一般有精神層面的情緒低落、興趣減退、注意力下降、自信心喪失以及身體層面的睡眠不足、食慾不振、體重減輕等。

在所有給人類造成嚴重負擔的疾病中，憂鬱症居第二位，它的發病率很高，就像感冒一樣常見，卻又能引發更嚴重的問題，比如自殺。據保守估計，全世界有近兩億五千萬名憂鬱症患者，人群中有 13% ～ 20% 的人也曾患有此心理疾病。

不過直到今天，憂鬱症的原因依然眾說紛紜，一般認為壓力等外在原因對發病有重要的影響。比如說喪偶、離異、退休等人生大事或者升遷、喬遷、懷孕生產等日常壓力性事件所帶來的壓力，都很容易導致憂鬱症。另外，神經傳導物質的調節障礙讓腦內的生化物質紊亂，也被認為是發病的另一重要原因。

過分認真、勤奮的人，過分善良、並在意周圍環境的人，悲觀、拘謹的人，極度自愛、思想不成熟的人，都容易罹患憂鬱症。科學家們還發現，憂鬱症具有一定的遺傳性，如果家庭中有憂鬱症的患者，那麼家庭其他成員患此病的可能性也比較高。當然，這並不意味著有憂鬱症家族史的人都會得憂鬱症，或者得了憂鬱症的人都有患病家族史。

▶ 憂鬱情緒≠憂鬱症

雖然每個人都有憂鬱情緒，離憂鬱症很近很近，但也不能直接將二者等同視之，否則只會給自己平添煩惱乃至負面的心理暗示。

正常的憂鬱情緒通常「事出有因」，本人能察覺到引起憂鬱的壓力性事件，而憂鬱症患者通常有莫名其妙的情緒變化；正常憂鬱情緒可以自我調適緩解，而憂鬱症患者的症狀一般超過兩週，個別病患甚至超過半年以上，還可能反覆發作；憂鬱症往往伴隨著頑固失眠、性慾和食慾減退、全身多處不適等生理、精神症狀，正常憂鬱情緒對人的影響遠沒有如此嚴重。除此之外，科學家們還發現憂鬱症發病通常有「晨重夜輕」的變化規律，病人每天清晨心情惡劣、痛苦不堪，而到了午後會漸漸好轉，次日又如此循環。

你是否患有憂鬱症

- 自我認同感降低，時常自責。□
- 情緒極端，亢奮易怒，反應變慢。□
- 反覆自殺的念頭，並伴有自殘行為。□
- 精力減退，容易疲倦。□
- 興趣喪失，沒有愉快感。□
- 思考能力喪失，無法迅速決策。□
- 睡眠障礙，如失眠、早醒。
- 食慾降低，體重下降。□
- 性慾減退。□

我什麼也不想做......

以上為憂鬱症的九種主要症狀，超過四條符合且久病不癒，則很可能已經患上憂鬱症。

▶ 非典型憂鬱症

近年來，一種新型的憂鬱症在東亞有逐漸增加的趨勢，因為無法明確地定義，所以就將它稱為「非典型憂鬱症（atypical depression）」。根據美國精神病學會診斷手冊的介紹，不管是傳統憂鬱症還是非典型憂鬱症，二者都同屬於情緒障礙的範疇。

非典型憂鬱症的症狀有意志消沉、不安焦躁、頭痛作嘔等和傳統憂鬱症相似的一面，也有其看似普通、特徵性的另一面。當碰到自己喜歡、嚮往的事或適合自己的事時，心情會變得異常愉快。比如說，在上班和上學之前會表現出傳統憂鬱症的症狀，而一旦下班放學，心情會急速轉好（甚至超過正常限度），假日時常常精神百倍地外出遊玩；另外，易感飢餓、嗜睡等症狀，還有對他人的拒絕回應非常敏感等社交不安傾向，也是非典型憂鬱症的重要特徵。

不難看出，比起傳統憂鬱症，對我們普通人來說，非典型憂鬱症並不是容易察覺的心理疾病。因為它的症狀如此獨特且隱蔽，所以其患者經常被周圍的人視為任性、不成熟而飽嘗偏見，而本人卻往往對這種讓人非常難受又無所適從的心理疾病毫不自知。

▶ 四招克服憂鬱症

傳統憂鬱症和非典型憂鬱症都是一種常見的心理疾病，對人的整個身心都是巨大的折磨。為了從這種情緒障礙中逃離，我們可以嘗試以下四種療法。

1．體育療法：持續一定強度、頻率的體育運動，如散步、跑步、跳繩、游泳等，不僅可以放鬆肌肉，也能有效恢復自我認同感。

2．交際療法：嘗試與他人結交並保持交往，得到社會支持以分解壓力。

3．精神療法：承認自己的病症，每產生一個想法，先檢驗其是否符合實際再行動，必要時可以換一個環境生活，並保持生活的規律性。

4．營養療法：為了預防由於營養攝取單一而造成的憂鬱症，我們要多吃富含維生素（特別是維生素 B）和氨基酸的食物，比如粗糧、水產品等。

傳統憂鬱症VS非典型憂鬱症

非典型憂鬱症和傳統憂鬱症有很大的區別，常常被人視為任性、不成熟而忽略其心理疾病的本質。

	傳統憂鬱症	非典型憂鬱症
飲食	食慾不振	暴飲暴食
睡眠	失眠早醒	嗜睡
心情	情緒持續低落	做自己喜歡做的事時，心情會急速好轉

專欄 27　自殺的深層心理

掙扎求存、苟且偷生是絕大多數生物的生存本能，然而在實際生活中，人自願採取各種方法結束生命的新聞也並不少見。那麼，究竟是什麼能夠使人克服對死亡的巨大恐懼，而選擇自殺呢？

▶ 自殺者的心理要素

美國心理學家梅林哲（K. Menninger）認為自殺者的心理必須具備三個基本要素：①絕望感、沮喪、疲勞等慢性生成的「想死的慾望」；②飽含敵意和報復心的「想殺人的慾望」（一般憎恨的對象常常是與本人距離近的他人，而平時又不能表現出來，只能持續地進行著內心抗爭）；③自責感、內疚、罪惡感等感情，催生出想以死謝罪的「想被殺的慾望」。

被稱為「美國自殺學之父」的史耐德曼（E. Shneidman）在仔細分析過自殺者的遺書後發現：年輕自殺者中「想殺人的慾望」比例很高；老年自殺者則以「想死的慾望」為主。而且年輕人一般會選擇安眠藥和煤氣中毒等死亡成功率比較低的自殺方法（特別是年輕女性這一傾向更加明顯），老年自殺者則一般會選擇上吊、跳河這種「很容易死」的自殺方法。

▶ 自殺未遂者多是青年

自殺未遂者的數字雖然難以統計，但一般被估計為自殺者的數倍或者數十倍之多。在眾多的自殺未遂者中，年輕人的比例非常高。他們自殺的理由無外乎是「討厭社會」、「學業失敗」等自身問題或是「失戀」、「家庭不和」等人際關係問題。不僅如此，年輕人自殺時往往會表現出對外展示的傾向，一般會留下遺書。

和老年自殺者的「放棄式自殺」不同，青年自殺更多地被認為是「憧憬式自殺」。心理學家都認為，許多自殺的年輕人並不是真的想要結束生命，而是妄圖以生命下注，以期賭上一個美好的重生。基於這種與死亡完全相反的心理，年輕人的自殺行為其實也隱藏著「誰來救救我」的真實願望。

▶ 自殺的訊號

萌生過自殺念頭的人，多半已經陷入孤獨、疲憊、絕望等負面情緒組成的深淵，會變得明顯寡言少語，還常常把「不想活了」、「活著真痛苦」等厭世話語掛在嘴邊，有時還出現處理與自己有關的種種事情，並將珍視的東西送予身邊人的行為。

據統計，60% 的自殺者都有自殺未遂的經歷，而初次自殺的人有半數會向外界發出以上訊號，因此對這些真實的「求助聲音」，絕不能草率對待。

青年自殺者與老年自殺者的區別

每年超過25萬人自殺，200萬人自殺未遂，自殺已成為15~34歲人群死亡的最主要原因

	年輕自殺者	老年自殺者
慾望	想殺人	想死
手段	安眠藥、煤氣中毒	上吊、跳河
隱藏心理	拿生命賭明天，希望他人救援	絕望、沮喪，真的不想活了

第 4 節　人格障礙

雖說每個人的人格都不相同，但大部分人的人格差別都保持在

一定限度之內；而如果人格特徵明顯和大眾人群偏離，並形成特有的行為模式，無法適應環境，進而影響到本人的社會功能的話，就屬於心理疾病的範疇了。這種人格的畸形發展就是所謂的人格障礙（personality disorders）。

▶ 人格障礙的分類及成因

德國心理學家施奈德（K. Schneider）將人格障礙定義為「因古怪、偏常的人格而害人害己的心理障礙」。比如，生活中有責任感的人，通常能贏得周圍人的信賴；然而責任感過強的人，卻反而容易做出不負責任的行為，而平添困擾給他人。

人格障礙一般被分為三種：①容易陷入不可能幻想的 A 型人格障礙；

②濫用感情且表達方式過剩的 B 型人格障礙；③對人際關係抱有顯著不安的 C 型人格障礙。而造成以上諸多人格障礙的原因，一般被認為是父母的影響。

嬰兒期沒有得到雙親穩定關愛的孩子，通常會對周圍的世界和人群形成恐懼的印象，而在人格發展的過程中不斷受到這種不良印象的影響，而逐漸偏離了正常的軌道。另外，遺傳因素也被認為是人格障礙的另一重要原因。

▶ 邊緣型人格障礙（BPD）

情緒激烈變化、對他人的態度和行為常常有驚人轉變，就是邊緣型人格障礙的主要表現。這種人格障礙高發於青春期和成人期，其患者多為年輕女性。

患者對自己是否重要、是否會被拋棄懷有強烈的不安，一旦觀察到對方稍有不耐煩情緒，就立刻轉換成嚴苛的語氣來說話。在對方看來一些漫不經心的措辭或舉動，也會被毫無理由地理解為負面的意思。因此，為了使對方「反省、自責、回頭」，他們常常會採取逆反的、激烈的自我破壞行為。

邊緣型人格障礙的成因

雖然遺傳因素不容小覷，但邊緣型人格障礙最重要的成因，一般被認為是不良的家庭環境。正因為如此，近年來家庭環境的急劇變化更導致了這一心理疾病的增加。

不良家庭環境	結果
父母只貪圖自己享樂	子女被認為是負擔、累贅
父母擔心子女的到來會結束兩人的愛情	生育觀念變得淡薄
父母將自己的理想強加到子女身上	子女不堪重負
父母自身有人格缺陷	子女被虐待
父母離異	親情缺失
家庭小型化、鄰里關係淡漠化	子女無處可逃
3C產品的普及	子女缺少構築人際關係的機會

邊緣型人格障礙症患者平時的好惡乃至敵我意識也非常極端，內心處於一種難以平衡的混亂狀態，在尋求關愛的同時又承受著深深的空虛與孤獨。

邊緣型人格障礙是一種常見的人格障礙，同時也是一種複雜而又嚴重的人格障礙，患者情緒、人際關係、自我定位不穩定，常常伴有多種衝動性行為，對治療比較牴觸，目前心理學界尚未找到全面有效的治療辦法。

▶ 自戀型人格障礙（NPD）

對每一個人來說，自尊心是人生圓滿不可或缺的必要因素之一，然而過度的自尊心同樣有可能帶來嚴重的問題 —— 自戀型人格障礙。這種人格障礙是指不喜歡真實的自己，並無根據地將自我價值誇大為與眾不同的優秀存在，而往往無法正確理解公共的價值觀，也無法理解他人的心情和立場，有時甚至會表現出善妒、利用他人和缺乏同情心的傾向。

自戀型人格障礙症患者通常認為自己是擁有特殊才能的人才，自己獨特的見解只有特殊人物才能理解，周圍的人理應持讚揚和尊敬的態度。出於這樣的想法，他們往往對來自其他人的評價非常敏感，一旦聽到批評或不同聲音會表現出強烈的憤怒，但外表卻以冷淡和無動於衷的反應來掩飾。因為他們過於自高自大，所以難以容忍挫折和失敗，當受到嚴重傷害之後，很有可能轉入自我封閉而迴避社會接觸。

自戀型人格的最主要特徵是自我中心，即眼裡的一切都和自己緊緊連繫，所以這種人格障礙多形成在成年期之前，其成因一般被認為是自戀情結的創傷。諸如母親雖然過度保護（溺愛）本人，卻沒有感受到足夠的親情之愛引發的矛盾感；或是幼時雖然生長在充滿愛意的環境中，但養育者卻突然離世所帶來的親情剝奪體驗，都有可能導致這種人格障礙的形成。

正常人多多少少都會有一些自戀，不同的是，正常人雖然也有將自我意識投射到對方身上的情況，但大多數場合下都能意識到對

方是一個獨立的個體，有獨立的立場和慾望。因此，對自戀型人格障礙症患者來說，消弭自我中心是非常必要的，在想要獲得愛與尊敬之前，就必須先學會去付出愛與尊敬，只有這樣，才能超越自己的人生局限。

第 5 節　社交焦慮症（SAD）

作為社會動物，人不可能脫離社會單獨存在，只要活著，就不可避免地需要和社會保持緊密的聯繫。然而有這樣一類人，因對社會交往無所適從，而表現出想要逃離的傾向，他們很可能已經染上了所謂的「社交焦慮症」。

▶ 人為什麼會「怯場」

社交焦慮症是一種對任何社交或公開場合感到強烈恐懼或焦慮的心理疾病。患者在陌生人面前或者可能被他人注意到的社交場合，有一種顯著而持久的恐懼，表現為緊張臉紅、身體抖動、不敢接電話等異常行為。一般以女性患者居多，數量為男性患者的兩倍左右。特別是年齡層在二十到三十歲的人群，投身工作不久，又恰逢結婚生子，可以說社會與家庭都是全新的關係，很容易就出現人際交往的不適。

社交焦慮症的發病背景，一般是患者幼年的不良經驗。比如說，稍稍神經質的孩子，在學校裡眼看著朋友被老師責罵，說不定就會變得很害怕走到大眾面前；原本很正常的孩子，某次回答老師的提問或是在全班面前演講時，卻不幸遭遇失敗而被嘲笑，從此之後再遇到此類場景，也很可能會變得因為擔心自己的行為引起羞辱或嘲笑而緊張不堪。也就是說，社交焦慮症患者在發病之前就已經體驗了負面的社交經歷，只是當時並沒有給予重視，而引發了後來的嚴重結果。另外，自卑感也被認為是發病的另一要因。

▶ 恐懼社交的惡果與對策

儘管社交焦慮症患者能很清楚地意識到與人打交道時的不適反應，但是很難得到他人的幫助也是事實。正因為如此，他們往往帶有逃避社會的情緒，如果這種心理疾病進一步惡化的話，很可能會轉為閉門不出的封閉狀態。

大量的社交焦慮症患者，常常被我們草率地視為是膽小、內向的人。事實上作為一種心理疾病，社交焦慮症和單純因為人格內向而害羞苦惱有著本質的區別。社交焦慮症患者通常對社會、團體都抱有很負面的看法，除了幾個親近的人之外，他們很難和外界溝通，這些人無法主動走出自我的小天地，也不願意加入人群，不願意成為眾人的焦點。

當出現社交焦慮症的症狀之後，必須有計劃地提高對恐懼的忍耐度。首先要輕視社交，因為與人交往「原本就沒什麼大不了的」；然後可以在自己「信任」的空間，不斷地模擬發生社交焦慮症的場景，逐漸使自己心理減敏；還可以試著參加一些集體活動，一步一步朝著康復的目標前進。

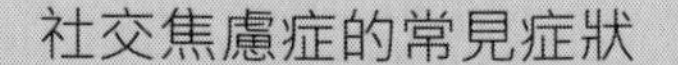

社交焦慮症通常是由幼年的不良體驗造成，患者往往過於注意他人的態度，在特別認真的完美主義、憂鬱症傾向、神經質人群身上比較常見。

第 6 節　成癮

成癮（addiction）又被稱作「嗜癖」，指個體持續不斷地追求某種刺激，或是在某種快感的支配下反覆、週期性產生衝動的傾向。根據對象，成癮一般被分為物質依賴（substance dependence）、關係成癮（co-dependency）和過程成癮三種。

▶ 物質依賴的典型 —— 酒精依賴

適量飲酒有助於緩解壓力、增進食慾，但是一旦超過限度則會加劇壓力，迫使人飲用更多的酒而陷入惡性循環的狀態。心理學家發現，較之平均每週飲酒兩到三次的人，每天都飲酒的人的抗壓能力要弱很多。

一開始喝酒只是為了忘掉煩心事，後來就漸漸發展為對酒精的精神依賴。不僅對酒精的忍耐度提高，更可怕的是體內如若不存在一定的酒精，人就會出現幻覺、妄想、手指顫抖、無法保持平靜的症狀。事實上，酒精依賴並不僅僅局限於長年飲酒的人，定期飲酒或是鮮有飲酒的人也會有發病的可能性。也就是說，因為症狀並不明顯，所以實際社會上「潛伏」著大量的酒精依賴患者。

▶ 關係成癮的典型 —— 共同依賴

將自我存在價值建立在人際關係的基礎之上，透過保持與他人的穩定關係來獲得心靈的滿足而不計任何代價，這就是所謂的「共同依賴」。比如說，一名妻子嘗盡酗酒丈夫的家庭暴力卻逆來順受；一位慈父為了使嫌疑犯兒子逃脫追捕而選擇隱瞞包庇……共同依賴患者就是這樣，會為維持一段關係、為避免被拋棄的感覺做任何事情。

有共同依賴特徵的人，往往會傾向於建立和長期保持飽含破壞情緒和虐待性的單向人際關係。患者的病態行為一般是透過觀察、模仿家庭其他成員的類似行為而習得的，所以是一種有「遺傳性」的心理疾病，出生在共同依賴家庭的人也很容易患上共同依賴。至於它的成因，一般被認為是隱藏在患者內心深處的、強烈的控制慾，使自己對他人的關注變成強迫性質，而無力去擺脫維持關係的滿足感。

▶ 過程成癮的典型 —— 購物依賴

較之前兩者，購物依賴是生活中更常見的一種成癮。它指的是

人在購買的過程中情緒萬分高漲，難以抑制購物衝動，購買結束後又會因為浪費大量的金錢和時間而產生負罪感。雖然也曾好好反省過，但到了下一次購物時，因為無法拒絕購物過程帶來的滿足感，依然會重複這樣的行為。

購物依賴廣義上看也是一種強迫障礙，它的發病年齡一般從十五歲開始，到四十歲左右結束，其中九成患者為女性。

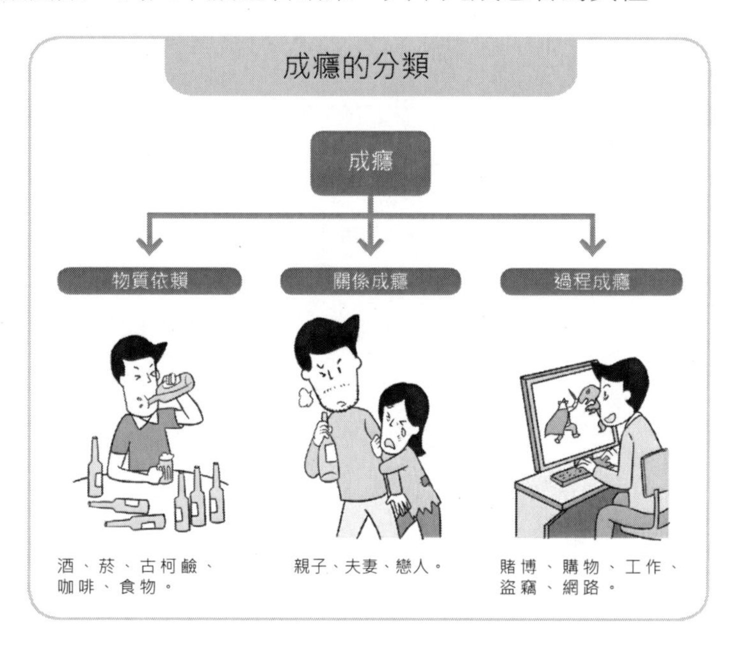

第 7 節　創傷後壓力症候群

生活永遠會給我們驚喜，但同樣會帶來一些讓人無法承受的心理體驗，當巨大的震驚襲來，留給我們的可能就是一顆破碎的心靈。

▶ 心靈也會受傷

創傷後壓力症候群（PTSD）是指當個人短時間內無法處理的強烈打擊和壓力不期而至時，人會本能地壓抑此時的心理反應，造成心靈受創，並持續對人的身心健康施加影響。幼兒期的性外傷體驗、重要依賴對象（如父母或其他監護人）的喪失、不恰當母子關係的常年累積、巨大驚嚇以及戰爭或災難帶來的異常體驗，都有可能引發創傷後壓力症候群。

值得注意的是，創傷性事件的後果因人而異。比如許多人都認為只有遇到了嚴重可怕的事件（如大地震、車禍）才會留下嚴重的創傷後壓力症候群，而一般的挫折和失敗（如失業、失戀）則否。事實上這種看法是相當錯誤的，對於內心堅強的人來說，死裡逃生的經歷也許並不會引起嚴重的創傷後壓力症候群；相反，對於內心脆弱的人來說，哪怕是偶然的失敗也可能會讓其痛苦不堪。所以，評價創傷後壓力症候群的受害程度時，不能僅僅以事件本身的嚴重程度為依據，而應該著眼於本人對該事件心理和生理的反應程度。

▶ 恐怖的創傷回放

諸如戰爭、災害、殺人、性犯罪等危及個體生存的創傷事件，往往會造成極為嚴重的創傷後壓力症候群，其負面影響通常會持續很長時間，有時候甚至是終生。

PTSD 患者表現為情緒低落、鬱鬱寡歡、焦慮緊張等，還會不斷在夢境中，進而是清醒狀態下反覆重現該傷害事件發生時的情景，因而經常處於極度的恐懼之中。為了不再想起痛苦的回憶，患者很可能會本能地變得麻木，而誘發憂鬱症。

對 PTSD 患者來說，生活中很多正常的情景或物品，都有可能誘發創傷性記憶的回放，從而造成強烈的心理和生理反應，所以他們常常會選擇避免與創傷性經歷有關事物的接觸。比如說遭遇過暴力侵害的人，一般會害怕象徵鮮血的紅色；經歷過嚴重交通事故的人，往往不敢搭飛機。

如果是在人格急速發展時期（童年時代）罹患 PTSD，甚至會造成患者人格扭曲乃至心理變態。心理學研究證明，缺乏父母關愛、交通事故、被虐待的經歷都可能會使兒童患上 PTSD，且症狀多持續到成年。

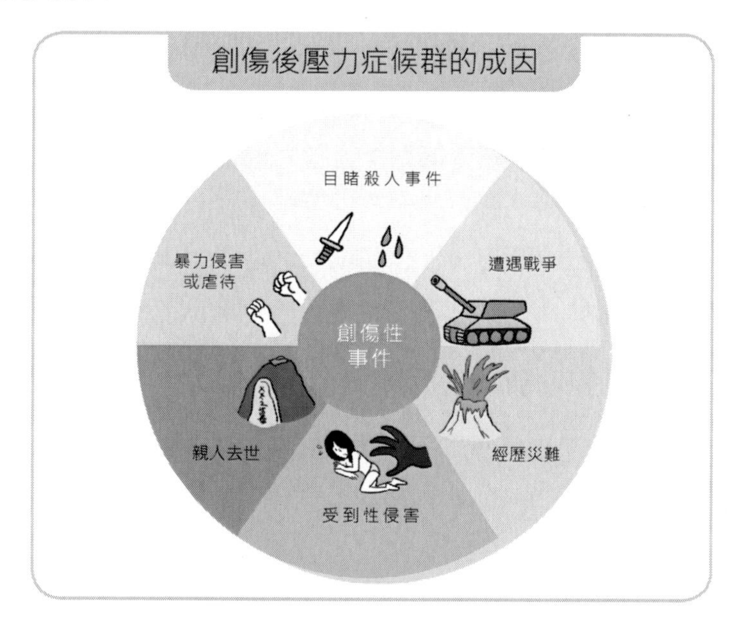

第 8 節　症候群

症候群（syndrom），原意是指因某些患病器官之間關聯性的變化而同時出現一系列症狀的狀態，後來被心理學引申為因某些心理疾病出現的一系列多症狀組合，或是一些人們因相互影響而達成一致的印象。症候群是時代的產物，其發生和發展有著深刻的社會背景，下面讓我們來看一看現代社會非常有代表性的幾種心理症候群。

▶ 斯德哥爾摩症候群

名字源於瑞典首都斯德哥爾摩的一次著名人質劫持案。就事件本身的性質而言，受害人和施暴的劫匪本是完全對立的存在，然而在解救的過程中，人質不但排斥警方的救援，還反過來幫助劫匪逃避罪責。這種看似很難理解的現象，背後隱藏的是人本能的情感依附，就像出生不久的嬰兒選擇依靠父母（最靠近的有力成人）一樣，當生命完全被劫匪操縱時，哪怕只有「不殺之恩」，人質也會對劫匪產生一種心理上的依賴感，不知不覺地將自己和劫匪的命運劃上了等號。

▶ 彼得潘症候群

童話故事裡的小飛俠彼得潘生活在成人世界之外，永遠不會長大。心理學借用了他的名字，用來指那些已經長大成人、卻依然表現得像個小孩子的心理。彼得潘症候群主要是由於心理社會性未定，患者渴望永遠扮演孩子的角色而不願承擔社會責任。與普通人相比，他們優柔寡斷、在社交中患得患失，因此往往一生平庸，且很容易成癮。

▶ 青鳥症候群

青鳥症候群的名字源自著名童話劇《青鳥》，一對兄妹為了尋找帶來幸福的青鳥，歷經了千辛萬苦，最終卻驚人地發現青鳥居然就在自己家裡。在現代職場，就存在許多尋找「青鳥」的年輕人，為了從事心目中理想的工作，熱衷跳槽，但事實上卻並沒有清醒地意識到自己的真正追求和人生目標。青鳥症候群患者往往擁有令人羨慕的過去，如學生時代成績優異、曾是一流公司的優秀員工等，一旦現實和理想差異過大，他們很可能會變得悲觀消極，在迷茫彷徨和碌碌無為中度過餘生。

▶ 身心俱疲症候群

一九七〇年代之後，美國社會從事醫療、教育、社工等公益事務的工作者出現疲勞、麻木、無力等身心症狀的情況突然增加，原因僅僅是當局否定了越南戰爭中部分美軍士兵屠殺平民的行為。這些公益工作者往往將自己的人生目標放在很崇高的位置，為此努力不懈地工作，就像美軍為了國家利益對越南採取軍事行動一樣。然而美軍的作戰行為事後被國家否定，對他們也不啻於一種打擊，因此喪失了人生目標而變得非常疲倦。事實上，就算是普通人完成了一件大事之後，也會因為暫時找不到其他目標而陷入虛脫的狀態。

▶ 孟喬森症候群

聲稱孩子有病，或者將原本健康的孩子弄到生病，並帶著孩子四處尋醫問藥，塑造出一副奉獻者的虛假形象以博取他人的注意或同情，這就是孟喬森症候群的主要表現。其患者一般為母親，受害者多是子女。這種非常可怕的精神錯亂產生的主要原因，是病人渴望周圍人（或特定某人）的關注，便透過施虐等方法使他人代替自己成為患病角色。

第 9 節　心理治療

現代社會的發展，使人類越來越傾向於脫離原有的自然屬性，而使得心理疾病不斷增加且惡化。若放任患上這些比肉體傷害更痛苦的心理疾病，就會大大妨礙正常生活。而用心理學的方法來治療這些疾病，就是所謂的心理治療（psychotherapy）。

▶ 心理治療的分類

雖然心理治療的最終目的都是解決由心理原因所帶來的病患和障礙，但不同學派理論下有不同的治療措施，適應對象也有所不同。根據方法的不同，心理療法一般被分為以下四類：

1．面談法（interview）：包含合理情緒療法、當事人中心療法等治療者和患者以一對一的方式實行的治療辦法。

2．表現療法（expression therapy）：包含沙遊療法、音樂療法、遊戲療法等，針對患者的表現活動治療的心理療法。

3．行為治療（behavior therapy）：包括系統減敏法、自律訓練法、催眠療法等基於學習理論改善患者行為的治療辦法。

4．折衷式心理治療（eclectic psychotherapy）：集合各家之長形成一個綜合的治療體系，其中以森田療法和內觀療法為代表。

▶ 當事人中心療法

美國心理學家羅傑斯（C. Rogers）認為，人類原本就擁有使心靈恢復健康、並不斷發展的無限成長潛力；但一旦人的這種力量被削弱或阻礙，就會表現為各式各樣的心理疾病和障礙。如果可以創造一個良好的環境，使其能夠和他人正常交流，便可以重新使這種潛力發揮，改變自身的心理狀態。

先前主流的傳統面談療法，往往需要以解釋、暗示、催眠等方法激發患者對治療者的依賴心，一旦出現新問題就又需要治療，所以並沒有很好的療效。而當事人中心療法（client-centered therapy）則有所不同，它是以基於真誠一致、無條件的積極關注和同感理解三大要素的傾聽為基本方法，發掘出患者內心的潛在成長力量，以獲得其對治療者的絕對信任感。

一般說來，在人的心目中存在著兩個自我——現實自我和理想自我，前者是在實際生活中獲得的自我感覺，後者是個人憧憬的「應當是」或「必須是」的自我概念，兩者差異過大就導致了心理疾病。在治療中，治療者以不指責、不評論、不干涉等方式與患者建立平等且相互尊重的關係，鼓勵對方直抒己見。患者因此獲得類似於社交中的他人肯定，從而使心目中的兩個自我趨於一致。

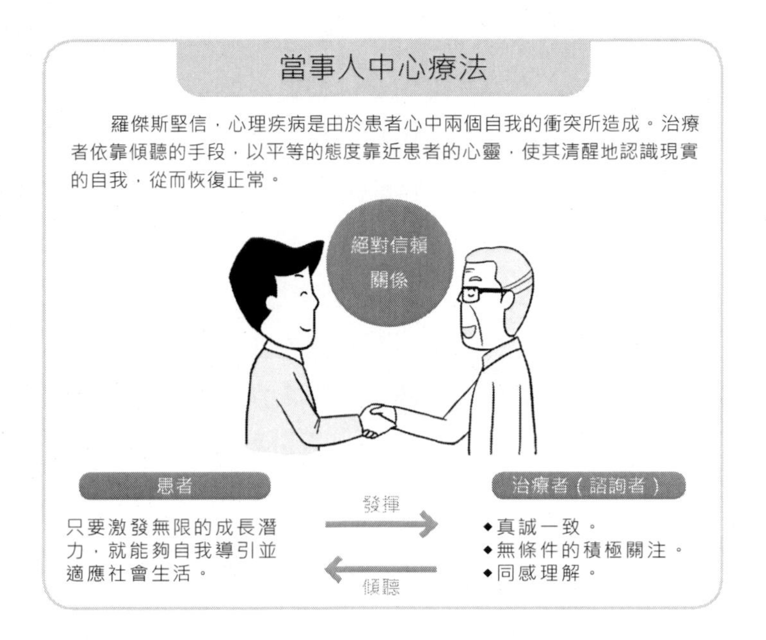

▶ 認知行為治療

就同一個事物，不同的人往往會有不同的認知，比如說下個月期末考，學生 A 認為「還有一個月」，而學生 B 則認為「只剩一個月了」。事實上「一個月」的時間並沒有變化，而僅僅是學生 A 和 B 對它大相徑庭的認知。其實很多患有心理疾病的人，多是由於錯誤的認知所引發，將一次偶然的失敗當作致命的問題，或是非要將世間萬物區分為非白即黑的狀態，都會歪曲對現實世界的正確認知。

認知行為治療，就是透過改變人的認知過程和當中所產生的觀念，來糾正本人的適應不良的情緒或行為，所以其要點在於找到患者與現實不符的信念、假設（特別是患者潛意識的消極思維），並

促使對方堅決地去改善、去對抗，轉而採取切合實際的合理化認知，達到平衡情緒、適應不良情境的目的。治療者必須注意傾聽患者的陳述，既採用各種認知矯正技術，又採用行為治療技術，逐漸幫助患者重新構築自己的認知系統。

認知行為治療具有積極、耗時短、有指導性和整體性等特點，多用於恐慌症、社交恐懼症、輕度憂鬱症、失眠、強迫症、人格障礙及藥物依賴等方面。它可以以團體治療的模式展開，國際上通行的做法是持續八小時左右，更長時間的治療尚未被普遍採用。

▶ 藝術治療

失戀的時候，比起曲風活潑、振奮人心的音樂，人更樂意聽緩慢憂傷的情歌，這就是前面已經提到過的「同調」。興奮的時候聽快節奏的舞曲會讓心情更加愉快，而如果這種時候選擇恬靜溫柔的曲子則會讓人漸漸平靜。

治療者首先選擇與患者當時心情相符的音樂，再逐漸選擇不符的音樂，以促使患者回歸正常心情。其實治療工具也不僅限音樂一種，在患者灰心絕望時，如親友一般積極地給予鼓勵；或是在患者對未來盲目自信時，以上司的口吻適當地「潑冷水」，都是以同調作用，促使對方已經偏離正常的心情回歸正軌。

依靠同調作用，以藝術方法治療的辦法被稱作「藝術治療」。常見的藝術治療還有沙遊療法、詩歌療法和心理劇療法等。特別是心理劇療法，被認為是西方最高級的團體治療辦法，就像常見的話劇一樣，很多患者聚在一起，分別扮演不同的角色，表演過程中，患者逐漸理解了角色的感情和思想，實現了事實上的同調，從而使自己以前的病態行為或不良習慣得到改善。

因為人類太奇怪，所以需要心理學：其實，生活中 90% 的問題，都可以靠心理學解決！/ 張憲鵬編著 . -- 第一版 . -- 臺北市：崧燁文化事業有限公司，2021.08
面；　公分
POD 版
ISBN 978-986-516-752-3(平裝)
1. 心理學
170　　110009952

因為人類太奇怪，所以需要心理學：其實，生活中 90% 的問題，都可以靠心理學解決！

編　　著：張憲鵬
編　　輯：簡敬容
發 行 人：黃振庭
出 版 者：崧燁文化事業有限公司
發 行 者：崧燁文化事業有限公司
E-mail：sonbookservice@gmail.com
粉 絲 頁：https://www.facebook.com/sonbookss/
網　　址：https://sonbook.net/
地　　址：台北市中正區重慶南路一段六十一號八樓 815 室
Rm. 815, 8F., No.61, Sec. 1, Chongqing S. Rd., Zhongzheng Dist., Taipei City 100, Taiwan (R.O.C)
電　　話：(02)2370-3310　　傳　　真：(02) 2388-1990
印　　刷：京峯彩色印刷有限公司（京峰數位）

定　　價：370 元
發行日期：2021 年 08 月第一版
◎本書以 POD 印製